Revelações do Amor Divino

Dados Internacionais de Catalogação na Publicação (CIP)
(Câmara Brasileira do Livro, SP, Brasil)

Norwich, Juliana de, 1342-c.1416
    Revelações do Amor Divino / Juliana de Norwich ; tradução de Maria Elizabeth Hallak Neilson. – Petrópolis, RJ : Vozes, 2018. – (Série Clássicos da Espiritualidade)
    Título original: Revelations of Divine Love
    ISBN 978-85-326-5900-2

    1. Amor – Aspectos religiosos – Cristianismo – Obras anteriores a 1800 2. Literatura devocional 3. Revelações particulares – Obras anteriores a 1800 I. Título. II. Série.

18-19134   CDD-242

Índices para catálogo sistemático:
1. Amor : Literatura devocional : Cristianismo   242

Cibele Maria Dias – Bibliotecária – CRB-8/9427

Juliana de Norwich

Revelações do Amor Divino

Tradução de Maria Elizabeth Hallak Neilson

Petrópolis

Título original em inglês: *Revelations of Divine Love*

© desta tradução:
2018, Editora Vozes Ltda.
Rua Frei Luís, 100
25689-900 Petrópolis, RJ
www.vozes.com.br
Brasil

Todos os direitos reservados. Nenhuma parte desta obra poderá ser reproduzida ou transmitida por qualquer forma e/ou quaisquer meios (eletrônico ou mecânico, incluindo fotocópia e gravação) ou arquivada em qualquer sistema ou banco de dados sem permissão escrita da editora.

CONSELHO EDITORIAL

Diretor
Gilberto Gonçalves Garcia

Editores
Aline dos Santos Carneiro
Edrian Josué Pasini
Marilac Loraine Oleniki
Welder Lancieri Marchini

Conselheiros
Francisco Morás
Ludovico Garmus
Teobaldo Heidemann
Volney J. Berkenbrock

Secretário executivo
João Batista Kreuch

Editoração: Ana Lucia Q.M. Carvalho
Diagramação: Sheilandre Desenv. Gráfico
Revisão gráfica: Nilton Braz da Rocha / Nivaldo S. Menezes
Capa: Juliana Teresa Hannickel
Arte-finalização: Editora Vozes
Ilustração de capa: Lúcio Américo de Oliveira

ISBN 978-85-326-5900-2

Editado conforme o novo acordo ortográfico.

Este livro foi composto e impresso pela Editora Vozes Ltda.

SUMÁRIO

Revelações do Amor Divino, 9
  Capítulo I, 9
  Capítulo II, 11
  Capítulo III, 13
Primeira revelação, 17
  Capítulo IV, 17
  Capítulo V, 19
  Capítulo VI, 21
  Capítulo VII, 24
  Capítulo VIII, 28
  Capítulo IX, 30
Segunda revelação, 33
  Capítulo X, 33
Terceira revelação, 38
  Capítulo XI, 38
Quarta revelação, 41
  Capítulo XII, 41
Quinta revelação, 43
  Capítulo XIII, 43
Sexta revelação, 46
  Capítulo XIV, 46
Sétima revelação, 48
  Capítulo XV, 48

Oitava revelação, 50
- Capítulo XVI, 50
- Capítulo XVII, 51
- Capítulo XVIII, 54
- Capítulo XIX, 56
- Capítulo XX, 58
- Capítulo XXI, 59

Nona revelação, 62
- Capítulo XXII, 62
- Capítulo XXIII, 64

Décima revelação, 67
- Capítulo XXIV, 67

Décima primeira revelação, 69
- Capítulo XXV, 69

Décima segunda revelação, 71
- Capítulo XXVI, 71

Décima terceira revelação, 72
- Capítulo XXVII, 72
- Capítulo XXVIII, 74
- Capítulo XXIX, 76
- Capítulo XXX, 77
- Capítulo XXXI, 78
- Capítulo XXXII, 81
- Capítulo XXXIII, 83
- Capítulo XXXIV, 85
- Capítulo XXXV, 86
- Capítulo XXXVI, 88
- Capítulo XXXVII, 92

Capítulo XXXVIII, 93

Capítulo XXXIX, 95

Capítulo XL, 97

Décima quarta revelação, 101
   Capítulo XLI, 101

   Capítulo XLII, 104

   Capítulo XLIII, 107

Outras reflexões sobre a décima quarta revelação, 111
   Capítulo XLIV, 111

   Capítulo XLV, 112

   Capítulo XLVI, 114

   Capítulo XLVII, 117

   Capítulo XLVIII, 119

   Capítulo XLIX, 121

   Capítulo L, 124

   Capítulo LI, 126

   Capítulo LII, 139

   Capítulo LIII, 144

   Capítulo LIV, 147

   Capítulo LV, 149

   Capítulo LVI, 151

   Capítulo LVII, 154

   Capítulo LVIII, 157

   Capítulo LIX, 160

   Capítulo LX, 162

   Capítulo LXI, 165

   Capítulo LXII, 168

   Capítulo LXIII, 169

Décima quinta revelação, 173
    Capítulo LXIV, 173

    Capítulo LXV, 175

    Capítulo LXVI, 177

Décima sexta revelação, 181

    Capítulo LXVII, 181

    Capítulo LXVIII, 183

    Capítulo LXIX, 184

    Capítulo LXX, 186

    Capítulo LXXI, 188

    Capítulo LXXII, 189

    Capítulo LXXIII, 192

    Capítulo LXXIV, 194

    Capítulo LXXV, 197

    Capítulo LXXVI, 199

    Capítulo LXXVII, 201

    Capítulo LXXVIII, 204

    Capítulo LXXIX, 206

    Capítulo LXXX, 208

    Capítulo LXXXI, 211

    Capítulo LXXXII, 212

    Capítulo LXXXIII, 214

    Capítulo LXXXIV, 215

    Capítulo LXXXV, 216

    Capítulo LXXXVI, 217

Posfácio de um escriba, 219

REVELAÇÕES DO AMOR DIVINO

CAPÍTULO I

"Uma revelação de Amor – em Dezesseis Visões."

Esta é uma Revelação do Amor que Jesus Cristo, nossa infinita alegria, fez em Dezesseis Visões ou Demonstrações pormenorizadas.

A Primeira Visão diz respeito à Sua inestimável coroação de espinhos e, a partir de então, foram abrangidas e descritas em detalhes a Trindade, a Encarnação e a Unidade entre Deus e a alma do homem, com muitas manifestações lindas de incomensurável sabedoria e ensinamentos de amor, sobre os quais todas as Visões seguintes estão alicerçadas e unificadas.

A Segunda Visão é a desfiguração da Sua bela face em sinal de Sua inefável Paixão. A Terceira Visão revela que, assim como o Nosso Senhor Deus – que é Todo-Poder, Todo-Sabedoria, Todo-Amor – verdadeiramente criou tudo o que existe, Ele também, verdadeiramente, concebe e origina tudo o que é feito.

A Quarta Visão versa sobre a flagelação do Seu corpo abatido e o derramamento abundante de Seu sangue.

Na Quinta Visão Satanás aparece subjugado pela indizível Paixão de Cristo.

A Sexta Visão nos faz conhecer a venerável generosidade com a qual *Nosso Senhor* Deus recompensa os seus servos bem-aventurados no Paraíso.

A Sétima Visão é sobre como experimentamos, com frequência, o contentamento e a aflição – o contentamento é benfazejo, comovente e, na sua leveza, traz embutida a certeza confiante de uma alegria infinita; a aflição é a tentação pela tristeza, pesada e fatigante, fruto da nossa natureza carnal. A compreensão espiritual nos leva a perceber que, quer estejamos mergulhados no contentamento ou na aflição, permanecemos seguros e protegidos no Amor, pela bondade de Deus.

A Oitava Visão mostra as últimas dores de Cristo e Sua morte brutal.

A Nona Visão desvela o deleite existente na Trindade Santa em virtude da cruel Paixão de Cristo e Sua morte dolorosa: é nesse regozijo e deleite que Ele quer que encontremos consolo e a Ele nos mantenhamos unidos em alegria, até chegarmos à plenitude no Céu.

Na Décima Visão Nosso Senhor Jesus expõe Seu sagrado coração que, embora transpassado, rejubila-se por amor.

A Décima Primeira Visão é a imagem espiritual de Sua preciosa Mãe.

A Décima Segunda Visão evidencia que Nosso Senhor é o Altíssimo.

Na Décima Terceira Visão Nosso Senhor Deus deseja que tenhamos profundo respeito por tudo aquilo que Ele tem feito no grandioso esplendor da criação de todas as coisas; pela esmerada criação do homem – o apogeu da Sua obra –; pelas Suas desmedidas Reparações do pecado da humanidade, transformando, desse modo, nossa culpa em devoção sem fim. Também nessa Visão Nosso Senhor nos diz: *"Olhem e atentem! Porque pelo Poder, Sabedoria e Bondade com os quais fiz tudo isso, farei – por esses mesmos Poder,*

Sabedoria e Bondade — que fique bem tudo o que não está bem; e tu o constatarás por ti própria".

Ainda nessa Visão Nosso Senhor demonstra querer que nós nos conservemos na Fé e na verdade da Santa Igreja, não ansiando esmiuçar os Seus segredos agora, exceto aqueles que nos são pertinentes nesta vida.

Na Décima Quarta Visão Nosso Senhor revela ser o Fundamento da nossa oração. E dois são os elementos que Ele considera igualmente importantes: a oração sincera e a confiança inabalável. Desta forma nossa oração O agrada e Ele, na Sua Generosidade, atende-a.

A Décima Quinta Visão indica como seremos arrancados de toda a nossa dor e aflição sem demora e, pela benevolência divina, alçados ao Paraíso, onde encontraremos em Nosso Senhor Jesus a nossa recompensa e seremos saciados de alegria e glória.

A Décima Sexta Visão mostra como a Trindade Santa — nosso Criador, manifesto em Cristo Jesus, nosso Salvador — habita nossa alma por toda a eternidade, guiando e conduzindo, com respeito, todas as coisas, nos resguardando e protegendo — poderosa e sabiamente — por puro amor para que assim não sejamos, jamais, dominados pelo nosso Inimigo.

CAPÍTULO II

"Uma criatura simples e inculta. Que fizera três súplicas a Deus."

Essas Revelações foram feitas a uma criatura simples e inculta, no décimo terceiro dia de maio, no ano 1373 de Nosso Senhor Jesus. Essa criatura fizera três pedidos a Deus.

O Primeiro era o memorial de Sua Paixão; o Segundo, uma doença física na flor da juventude, aos 30 anos de idade; o Terceiro, receber, como dádiva Divina, três chagas.

Quanto ao Primeiro Pedido, embora julgasse possuir *alguma* percepção da Paixão de Cristo, eu continuava ansiando por mais e assim implorei a misericórdia de Deus.

Como acreditava desejar haver estado junto de Maria Madalena – e dos outros que amaram Cristo – naquele tempo, roguei por uma visão corpórea que me permitisse ter mais conhecimento das dores físicas do nosso Salvador, da compaixão de Nossa Senhora e de todos os que O amaram fielmente e testemunharam o Seu sofrimento; pois eu aspirava ser um deles e sofrer com Ele.

Nunca clamei por outra revelação, ou manifestação de Deus, até que minha alma viesse a deixar o corpo. O propósito desta minha súplica consistia na crença de que depois da Visão minha compreensão verdadeira da Paixão de Cristo se expandiria.

O Segundo Pedido me veio à mente com contrição, ocorreu-me espontaneamente e sem o menor esforço: a vontade de padecer de uma doença física.

Desejei sofrer de uma doença tão grave que parecesse fatal, a ponto de que me fossem ministrados todos os Sacramentos da Santa Igreja: eu, convicta de que iria morrer e aqueles que me cercavam partilhando da mesma certeza. Quanto a mim, não queria desfrutar de quaisquer confortos da vida terrena.

Desejei que essa enfermidade me levasse a experimentar todos os tipos de dores físicas e espirituais de um moribundo e que estas dores estivessem acompanhadas de todos os medos e tentações urdidos pelos demônios – exceto a perdição da minha alma.

Assim o quis para que eu fosse purificada pela misericórdia divina e depois, em virtude dessa mesma enfermidade, viver para glorificar a Deus. Por tais motivos, considerei minha morte um ato de caridade, porque almejava estar junto do meu Deus sem demora.

Estes dois pedidos - a Paixão e a doença - os elevei a Deus com uma condição. Eis como me expressei: *"Senhor, Tu sabes o que desejo. Se for a Tua vontade, que assim seja; e se não for a Tua vontade, bom Senhor, que eu não incorra no Teu desagrado, porque não quero nada além do que cumprir a Tua vontade"*.

Inspirada pela graça divina, e por intermédio dos ensinamentos da Santa Igreja, concebi meu Terceiro Pedido: o desejo ardoroso de receber três chagas enquanto viva. A chaga da verdadeira contrição, a chaga da compaixão genuína e a chaga do anseio sincero por Deus; e esta última súplica eu a formulei isenta de quaisquer condições.

Os dois primeiros pedidos me saíram da mente, o Terceiro, porém, permaneceu comigo sem trégua.

CAPÍTULO III

"Eu desejei sofrer com Ele."

Quando eu tinha 30 anos e seis meses, Deus me enviou uma doença física que me manteve presa ao leito por três dias e três noites consecutivos. Na quarta noite recebi todos os Sacramentos da Santa Igreja, convencida de que não viveria até o amanhecer.

Todavia, permaneci mais dois dias e duas noites na cama, prostrada. Na terceira noite, não cessava de pensar que a minha morte não tardaria, o mesmo cogitando aqueles ao meu redor.

Ainda na flor da juventude, imaginei quão profunda tristeza seria morrer – não porque existisse na Terra algo pelo qual eu achasse valer a pena viver, ou porque temesse padecer de quaisquer dores – minha confiança jazia no Senhor e na Sua misericórdia! –, mas porque gostaria de haver podido adorar a Deus e servi-Lo mais e por mais tempo, e assim alcançar um entendimento mais profundo de Deus e de Seu amor quando chegasse ao êxtase celestial.

Minha impressão era de que todo o tempo que eu passara no mundo – tão breve e tão curto se comparado àquela felicidade infinita – nada significava. Por esse motivo, clamei: *"Bom Senhor, para a Tua glória, que eu já não viva mais!"* Compreendi então, induzida pela razão e pelas dores que me afligiam, que iria morrer. Sem reservas, e com todas as fibras do meu ser, me entreguei à vontade Divina.

Embora resistisse até o dia seguinte, meu corpo estava entorpecido, paralisado da cintura para baixo, desprovido de sensações. Com auxílio, amparada, recostei-me na cabeceira da cama para que meu coração não ficasse constrito. Que os desígnios de Deus se cumprissem em mim e, enquanto me restasse um sopro de vida, eu pensaria em meu Senhor.

Aproximando-se a hora do meu desenlace, o sacerdote foi chamado. Quando ele chegou, eu não era capaz de falar, ou mover os olhos. Segurando o crucifixo diante do meu rosto, o sacerdote disse: "Eu lhe trouxe a imagem do seu Criador e Salvador; contemple-a e Nela você encontrará consolo".

Embora meu olhar buscasse o Céu – de onde eu acreditava vir a misericórdia divina – consegui fitar o crucifixo, pois me causou menor desconforto conservar o olhar fixo à minha frente do que se erguido para o alto.

Logo minha visão turvou-se e a escuridão se estendeu pelo quarto, como se fosse noite. Sem que eu atinasse como, apenas o crucifixo permaneceu iluminado por uma réstia de luz.

Tudo ao meu redor, salvo a cruz, tornou-se horripilante aos meus olhos, como se milhares de demônios pairassem no ar.

Em seguida, a parte superior do meu corpo começou a perder a sensibilidade de forma tão palpável que eu quase já não sentia nada – senão as dores atrozes do arquejar e do esvanecimento da vida. Naquele momento pensei haver realmente deixado este mundo.

Então, de súbito, toda a dor me foi extirpada e a integridade do meu corpo – em particular da parte superior –, me foi restituída.

Maravilhei-me diante dessa mudança brusca, porque me parecia mais uma obra misteriosa de Deus do que uma ocorrência natural. Entretanto, apesar do bem-estar inesperado, supus que não viveria. E, deveras, a sensação imprevisível de alívio causou-me desconforto, visto que eu preferiria ter sido arrebatada do mundo, segundo a aspiração ardente do meu coração.

Porém, lembrei-me do meu Segundo Pedido ao Nosso Senhor benevolente: a graça de trazer em meu corpo um memorial da Sua Santa Paixão. Eu queria que as dores Dele fossem as minhas; eu queria vivenciar a Sua compaixão e o Seu anseio por Deus.

Contudo, quanto a este clamor, nunca havia eu aspirado qualquer visão corpórea ou demonstração de Deus, exceto a compaixão – como seria de se esperar de uma alma sincera em relação ao Nosso Senhor Jesus que, por amor, revestiu-se da nossa carne mortal. Por esta razão, eu queria sofrer com Ele.

PRIMEIRA REVELAÇÃO

CAPÍTULO IV

"Eu vi... como se fosse no tempo da Sua Paixão... E de súbito, ainda nessa mesma Visão, a Trindade inundou meu coração de uma alegria suprema."

Enquanto eu ainda contemplava o crucifixo, vi o sangue escarlate escorrer sob a coroa de espinhos – quente, fresco e copioso – tal como no momento da Paixão, quando os espinhos se enterraram na cabeça Santa Daquele que é Divino e Humano, o Mesmo que sofrera por mim e que agora se revelava a mim sem quaisquer mediadores ou intermediários.

Ao mesmo tempo, a Trindade inundou meu coração com uma alegria transbordante. E eu soube, então, como será o Céu – por toda a eternidade – para os que lá chegarem.

Porque a Trindade é Deus e Deus é a Trindade; a Trindade é nosso Criador e Defensor e, através de Jesus Cristo, a Trindade é nosso Amor eterno, é nossa Alegria e Felicidade perenes.

Isto me foi mostrado na Primeira Visão e reiterado nas demais, porque de acordo com a minha compreensão, onde quer que esteja Jesus também está a Santíssima Trindade.

"Benedicite Domine!" exclamei com voz vigorosa, tomada de um assombro respeitoso. Espantava-me e admirava-me

que Ele, tão digno de veneração, tão portentoso, desejasse ter tamanha intimidade com uma criatura pecadora, revestida de uma carne ignóbil.

Dei-me conta de que, naquele instante, Nosso Senhor Jesus, por Seu imenso amor, quis me oferecer conforto antes da hora da minha tentação, pois me pareceu que eu poderia ser posta à prova – com a permissão de Deus e sob Sua proteção – e ser tentada pelos demônios enquanto ainda me restasse um sopro de vida.

A Visão de Sua Paixão sagrada, aliada à Essência Divina – a qual meu discernimento me possibilitou enxergar –, conduziram-me à certeza de que em *ambas* eu encontraria forças suficientes – a exemplo dos demais seres vivos que seriam salvos – para enfrentar todos os demônios do inferno e a tentação espiritual.

Em seguida, Deus trouxe a Bem-aventurada Maria à minha mente. Tive uma Visão espiritual de sua aparência física: uma mocinha modesta e singela, tão jovem, pouco mais que uma criança, como era ao conceber Jesus.

Também me foi concedido vislumbrar a Sabedoria e a Verdade da alma da Virgem, o que me permitiu entender a percepção reverente com a qual ela contemplava o seu Senhor e Criador, maravilhando-se, cheia de devoção, diante do desejo Dele de ser gerado em seu ventre, uma criatura simples, por Ele mesmo criada.

E inspirada por esta Sabedoria e esta Verdade – a consciência da grandeza de seu Criador e de sua própria pequenez – a Virgem Santa disse, humilde, ao anjo Gabriel: *"Eis aqui a serva do Senhor!"*

Através desta Visão pude assimilar, realmente, que Nossa Senhora é a mais eminente das criaturas, em mérito e graça, e que tudo o que Deus criou encontra-se abaixo dela, porque nenhuma obra da Criação é maior do que ela, exceto a Humanidade sagrada do Cristo encarnado. Este é o meu entendimento.

CAPÍTULO V

"Deus, por Tua bondade, dá-me de Ti; – porque só em Ti eu tenho tudo."

No decorrer desta primeira Revelação, Nosso Senhor me concedeu uma visão espiritual de Seu profundo amor por nós. Vi que Ele é tudo o que é bom, tudo o que nos conforta. Ele é a vestimenta que, por Amor, nos reveste, nos guarda e nos envolve por inteiro, de modo que nunca possa nos abandonar.

Também nesta Revelação o Senhor me mostrou algo pequenino – do tamanho de uma avelã e redondo como uma bolota – na palma da minha mão. Com os olhos da minha mente fitei aquela coisinha diminuta e pensei: *"O que pode ser isto?" A resposta me veio sucinta: "Esta é toda a Criação".*

Surpreendi-me, deveras, que tal miudeza pudesse subsistir porque, devido à sua pequenez, quão fácil seria esvanecer-se, subitamente, na mera insignificância.

Novamente a resposta me ocorreu: *"O que existe, sempre existirá, porque Deus ama."* Portanto a essência de *tudo* jaz mergulhada no amor de Deus.

Esta reflexão me levou ao discernimento de três realidades:

Deus cria

Deus ama

E Deus sustenta.

Mas o que esta constatação, de fato, me permitiu perceber? Que enquanto eu não estiver unida a Ele – o Criador, o Apaixonado e o Sustentador – no âmago do meu ser, não conseguirei encontrar pleno repouso, ou a completa alegria. Só o farei quando não existir nada, absolutamente nada, separando o meu Deus de mim mesma.

É preciso que estejamos cientes da fugacidade de todas as coisas criadas, para que possamos amar e conter em nós o próprio Deus, que é eterno.

Porque este é o motivo de o nosso coração e a nossa alma não experimentarem a perfeita serenidade: procuramos descanso nas coisas efêmeras e nas quais não há paz, e nos recusamos a reconhecer que em nosso Deus – que é Todo-Poder, Todo-Sabedoria, Todo-Bondade – está o verdadeiro repouso.

Deus deseja ser conhecido e se deleita que permaneçamos imersos Nele, pois tudo o que é menos do que Ele não nos sacia.

E esta é a razão de nenhuma alma encontrar repouso até que se esvazie do que é fugaz.

Quando, de bom grado, a alma se esvazia por amor, a fim de abarcar Aquele que tudo é, então se torna capaz de saborear o repouso espiritual.

Nosso Senhor Deus também revelou o quanto O agrada uma alma vulnerável O buscar desnuda, sinceramente e com simplicidade, porque este é o anseio natural do coração humano tocado pela ação do Espírito Santo – segundo o entendimento que esta Visão me propiciou.

> *"Deus, por Tua bondade, dá-me de Ti,*
> *porque apenas Tu me sacias.*
> *Que eu não almeje nada que seja menos do que*
> *adorar-Te.*

Mas, se acaso o desejar,
que minha ânsia seja vã,
porque só em Ti tenho tudo."

Estas palavras são um verdadeiro deleite para a alma e as que mais perto chegam de expressar a Sua bondade, porque a misericórdia do Senhor é transbordante em todas as Suas criaturas e em toda a Sua obra pelos séculos sem fim, pois Ele é a eternidade.

Deus nos criou apenas para Si Mesmo, através de Sua Paixão sagrada nos resgatou e para sempre nos sustenta em Seu santo amor. E tudo isto flui da Sua misericórdia.

CAPÍTULO VI

"A Misericórdia de Deus é a prece mais elevada e alcança o âmago mais profundo das nossas carências."

O propósito desta Visão foi ensinar à alma a sabedoria de se agarrar à Misericórdia Divina e estar numa união íntima com Deus. Logo aflorou à minha mente a maneira como oramos: na nossa ignorância e incompreensão do Amor, nos valemos de inúmeros métodos para chegar a Deus.

Percebi então que, mais do que se puséssemos em prática todas as técnicas de oração jamais concebidas, muito mais agrada a Deus rezarmos com fé em virtude de Sua Misericórdia e nos agarrarmos a esta Misericórdia movidos pela graça divina, com compreensão verdadeira e confiança inabalável. Porque mesmo se utilizássemos todos os meios e métodos existentes, estes seriam sempre poucos e nunca suficientes para unir nossa alma a Deus em plenitude. Entretanto, na Misericórdia Divina nossa união com Deus se consuma e nela nada, absolutamente nada, falta.

Ao longo desta reflexão, ocorreu-me também o seguinte:

Nós oramos a Deus em nome de Seu Corpo Sagrado e de Seu Precioso Sangue, em nome de Sua Venerável Paixão, de Sua Morte e Chagas Sacrossantas, em nome de Sua Bendita Natureza Humana.

No entanto, a vida eterna que tudo isso nos concede procede da Misericórdia Divina.

Nós oramos a Deus em nome do amor de Sua doce Mãe, que O deu à luz, mas todo o socorro que recebemos dela nos vem através da Misericórdia Divina.

Nós oramos a Deus em nome da Santa Cruz, onde Ele morreu supliciado, mas toda a força e amparo que recebemos da Cruz nos chegam por meio da Misericórdia Divina.

Do mesmo modo, todo o auxílio que recebemos dos santos de nossa devoção e de toda a Bem-aventurada corte celeste – o amor inefável e amizade imorredoura com que eles nos cumulam – provêm da Misericórdia Divina.

Porque Deus, na sua bondade infinita, designou intercessores para nos ajudar – inúmeros e justos – dentre os quais o principal e o mais importante é a sagrada Natureza Humana que Ele recebeu da Virgem.

E todos esses intercessores, aqueles que nos antecederam e os que hão de vir, participam da história da nossa redenção e da nossa salvação eterna.

Por conseguinte, agrada a Deus que O busquemos e adoremos por meio de todos os meios, porém compreendendo e reconhecendo que é Ele a bondade suprema.

Pois a Misericórdia de Deus é a prece mais elevada e alcança o âmago mais profundo das nossas carências.

A Misericórdia de Deus revigora e restaura nossa alma, ajudando-nos a crescer na graça e virtude.

A Misericórdia de Deus está impressa na essência da nossa natureza e é imediata na graça, porque é esta mesma graça que a nossa alma busca e buscará sem cessar, até que tenhamos um conhecimento verdadeiro do nosso Deus, um Deus que nos tem, a cada um de nós, encapsulados em Si mesmo.

Deus não menospreza o que criou e tampouco desdenha nos servir, atendendo até ao que é mais elementar e característico da nossa natureza física; e o faz por amor à nossa alma, criada por Ele à Sua própria semelhança.

Porque da mesma forma que o corpo está revestido de roupas,

e a carne de pele,

e os ossos de carne,

e o coração envolvido pelo peito,

assim estamos nós, corpo e alma, revestidos da Misericórdia Divina e Nela enclausurados.

Sim! E ainda mais intimamente, uma vez que todas as outras coisas podem definhar e extinguirem-se, porém a Misericórdia de Deus persiste íntegra para sempre e tão intrínseca a nós que nada há com o que se compare.

A verdade é que o nosso Amado deseja que nossa alma se prenda a Ele com todas as suas forças e que nos agarremos à Sua Misericórdia perpetuamente. Dentre tudo aquilo que o nosso coração consegue conceber, isto é o que mais agrada a Deus e o que nos faz maior bem com a maior brevidade possível.

Nossa alma é amada por Aquele que é o Altíssimo de modo tão especial, que esse amor ultrapassa o entendimento e todas as criaturas. Logo, não existe uma única criatura capaz de compreender, em plenitude, o quanto e quão doce e ternamente o nosso Criador nos ama.

Portanto, com a graça de Deus e o Seu auxílio, nos é oferecido permanecer na contemplação espiritual, deslumbrando-nos com o amor sublime, insuperável e incalculável que o Altíssimo sente por nós e que é fruto da Sua Misericórdia.

Por esta razão, podemos, reverentes, pedir ao nosso Amado tudo o que aspiramos, porque o nosso desejo inato é ter Deus e o desejo inato de Deus é nos ter.

Só deixaremos de desejar e ansiar por Deus quando estivermos em comunhão com Ele na completa alegria; e então nada mais almejaremos. A vontade de Deus é que O amemos e conheçamos tanto quanto nos for possível nesta vida, até o momento em que seremos plenamente saciados no Céu. Este é o propósito de esta lição de Amor nos haver sido revelada, acompanhada de tudo o que vem a seguir – conforme você constatará –, porque a força e o fundamento de tudo nos foram mostrados na Primeira Visão.

Dentre todas as coisas, a contemplação e o amor pelo Criador fazem com que a nossa alma se perceba menor do que é e seja inundada pelo temor respeitoso, pela humildade sincera e compaixão desmedida para com os nossos semelhantes.

CAPÍTULO VII

"Esta Visão não é sobre outra coisa senão a Fé – nem mais, nem menos."

De acordo com a minha compreensão, foi para nos transmitir um ensinamento que o Nosso Senhor Deus nos mostrou a Virgem Santa nesta mesma Revelação, a fim de expressar a excelsa Sabedoria e Verdade que dela se apossaram ao contemplar o seu Criador – Aquele que é só Generosidade, só Sublimidade, só Poder e só Bondade.

A grandeza e nobreza provenientes da sua visão de Deus levaram a Virgem a experimentar um temor reverente e assim, sob essa perspectiva, se enxergar tão pequenina e modesta, tão simples e pobre em relação ao Senhor Deus. Tamanho assombro a imbuiu de humildade e, em razão desta humildade, Maria se tornou cheia de graça e plena de uma miríade de virtudes, que a colocam acima de todas as criaturas.

Enquanto assimilava esta Revelação espiritual, também presenciei – com os olhos físicos – o sangramento contínuo e abundante da cabeça do meu Senhor.

As volumosas gotas de sangue escorriam sob a coroa como esferas vertidas das veias; ao brotarem, tinham uma nuança vermelho-amarronzada – visto ser o sangue espesso –, mas ao se alastrarem adquiriam uma tonalidade púrpura. Ao chegarem às sobrancelhas as gotas esvaeciam e, no entanto, o sangramento persistia até que muitas coisas fossem vistas e compreendidas.

Nada se comparava à beleza e realismo ímpares desta manifestação. A copiosidade do sangue assemelhava-se às gotas de água que caem do beiral do telhado durante uma chuvarada e que, de tão grossas e tantas, ninguém é capaz de contá-las. Por serem esféricas, as gotas pareciam escamas de arenque ao se espalharem pela fronte do Crucificado.

Estes três fatores suscitaram-me a seguinte reflexão:

Esferas, por causa do aspecto arredondado das gotas no brotar do sangue.

Escamas de arenque – no derramamento do sangue sobre a fronte –, também devido ao aspecto arredondado das gotas.

As gotas despencando do beiral do telhado por causa da sua imensurável abundância.

Esta Visão era vívida e intensa, horripilante e terrível, doce e fascinante.

De tudo o que pude testemunhar, o que me mais me trouxe conforto foi a constatação de que o nosso Deus e Senhor – que é tão digno de respeito e tão assombroso – seja também tão simples e compassivo. Tal certeza me deliciou e inundou minha alma de confiança.

A fim de que eu absorvesse esta Revelação mais profundamente, Deus suscitou um exemplo claríssimo em minha mente:

É imensa a honraria com que um rei solene, ou um lorde importante, agracia um pobre servo caso se revele desejoso de ter com o seu subalterno um relacionamento de amigos e que demonstre essa sua intenção sincera e explicitamente, e com um semblante feliz, tanto em particular quanto em público. Logo, a pobre criatura é induzida a pensar: "Ah, como é possível esse nobre senhor me conferir maior honraria e alegria do que oferecer a mim – uma criatura insignificante – sua maravilhosa amizade? De fato, isso me proporciona mais contentamento e prazer do que se ele houvesse me dado presentes caros e, no entanto, cultivasse uma conduta distante".

Este exemplo concreto expôs, com intensidade e vigor, como o coração humano se deixa arrebatar e por um triz não se esquece de si mesmo diante do regozijo de tão sublime amizade.

Assim acontece entre Nosso Senhor Jesus e cada um de nós, visto que, na minha percepção, não há júbilo maior do que Ele – que é supremo e onipotente, o mais majestoso e digno de louvor – ser também o mais amigo e compassivo.

A esplêndida verdade é que essa felicidade extraordinária nos será descortinada quando O virmos face a face.

Este é o desejo de Nosso Senhor: que acreditemos e confiemos; que nos inebriemos e encantemos, que nos reconfortemos e consolemos o máximo possível – com a Sua graça e o Seu auxílio – até o dia em que contemplaremos a verdadeira alegria.

Porque, no meu entendimento, a plenitude da alegria, com a qual nos deleitaremos, é a surpreendente generosidade e amizade do Pai, nosso Criador, em Nosso Senhor Jesus Cristo, nosso Irmão e Salvador.

Porém ninguém é capaz de assimilar por completo tão maravilhosa amizade nesta vida, salvo se Nosso Senhor a revelar através de uma demonstração especial, ou se o Espírito Santo a expressar por meio de uma infusão abundante de graça no coração do homem.

Pois a fé e a crença, com amor, são dignas de serem retribuídas e são recebidas por intermédio da graça – porque é sobre a Fé, a Esperança e o Amor que a nossa vida está alicerçada.

Esta Visão, a qual compartilho com todos aqueles a quem Deus designa, ensina tudo isso de forma explícita e inequívoca – com muitos pormenores ocultos que constituem elementos da nossa Fé e são desejáveis de ser conhecidos. E quando esta Revelação, ocorrida numa determinada época, estiver no passado e se achar obscurecida, então a Fé a conservará, pela graça do Espírito Santo, até o fim de nossa vida.

Esta Visão não é sobre outra coisa senão a Fé, nem mais, nem menos – até que sobrevenha o final dos tempos – conforme os ensinamentos de Nosso Senhor a respeito de uma questão equivalente.

CAPÍTULO VIII

"Durante todo este processo, senti-me tomada por um profundo sentimento de amor por meus semelhantes e ansiei compartilhar com eles as minhas experiências."

Enquanto presenciava o copioso sangramento de Sua cabeça, eu não conseguia parar de repetir: *"Benedicite Domine!"*

Esta Visão me conduziu ao esclarecimento de seis tópicos:

O Primeiro refere-se ao testemunho de Sua Sagrada Paixão e do abundante derramamento de Seu Sangue Precioso.

O Segundo é sobre a Virgem, Sua amável Mãe.

O Terceiro concerne à Divindade Santa, Aquele que é, que era e para sempre será Todo-Poder, Todo-Sabedoria, Todo-Amor.

O Quarto tema versa sobre a obra da Criação – pois sei muito bem que Céu e Terra, e tudo o que é criado, é vasto e extenso, belo e bom; e o motivo de tudo isso haver me afigurado tão pequenino foi porque o contemplei na Presença Daquele que é o Criador de todas as coisas. E para uma alma que se vê diante do Criador de todas as coisas, tudo o mais parece irrisório.

O Quinto tema evidencia que Ele criou tudo por amor e, por este mesmo amor, toda a Sua obra é protegida e para sempre o será.

O Sexto tema demonstra que Deus é tudo o que é bom e que a bondade existente em todas as coisas tem Nele a sua origem.

Tudo isso o Nosso Senhor me mostrou na Primeira Revelação e me permitiu usufruir do tempo e espaço necessários para reflexão. Num certo momento, a visão física desvaneceu-se, porém o entendimento espiritual permaneceu.

Incutida de um temor respeitoso aguardei, almejando – tanto quanto me atrevi – a testemunhar ainda muito mais, caso fosse esta a vontade do meu Senhor, ou então a me debruçar sobre a mesma Visão por um período maior.

Durante todo este processo, senti-me tomada por um profundo sentimento de amor por meus semelhantes e ansiei compartilhar com eles a minha vivência, pois eu sabia que esta Revelação lhes traria um enorme conforto.

Como estávamos todos nós – eu e os que me cercavam – na expectativa da minha morte iminente, falei: *"Hoje é o dia do meu Juízo Final"*.

De acordo com a minha compreensão, cada um de nós, ao morrer, passa por um julgamento individual, como se fora o final dos tempos.

Expressei-me assim por querer que meus acompanhantes percebessem quão breve é a vida – conforme meu estado evidenciava – e assim usassem o tempo que lhes era concedido para amar mais a Deus.

A expectativa da minha morte continuou a pairar no ar, causando-me um misto de maravilhamento e desespero, porque, na minha perspectiva, Deus me havia concedido esta Visão em benefício daqueles que continuariam a viver.

Estou certa de que tudo aquilo que eu digo enquanto descrevo minha Visão destina-se não apenas a mim, mas a todos os meus semelhantes, pois esta é a vontade de Nosso Senhor.

Portanto, rogo a todos vocês e os aconselho para o seu próprio bem: creiam na Visão concedida a uma pecadora. E, sábia, humilde e fervorosamente, recorram e confiem em Deus, Aquele que, em virtude de

Seu amor generoso e de Sua misericórdia infinita, deseja que esta não seja uma Revelação minha somente, e sim de todos nós. Desfrutem do prazer e da alegria que nos são oferecidos!

CAPÍTULO IX

"Se enxergo a mim mesma como indivíduo, percebo quão insignificante sou."

Não sou boa por haver sido agraciada com esta Visão, mas apenas se me sentir inspirada a amar mais perfeitamente a Deus. E se esta Visão ajudar você a amar mais perfeitamente a Deus, então é uma Visão que revela mais sobre você do que sobre mim. Não estou dizendo isto em benefício daqueles que já são sábios – pois estes o sabem muito bem –, e sim para a tranquilidade e conforto de quem ainda não se aprofundou nesta reflexão, para que entenda que somos todos um só no Amor.

Minha experiência pessoal não significa que Deus me ama mais do que a qualquer um, ainda que seja a alma mais pequenina, porém em estado de graça. Na realidade, estou certa de que são muitos os que vivem suas vidas guiando-se apenas pelos ensinamentos fundamentais da Santa Igreja, sem nunca terem tido uma Visão sobrenatural, e que, no entanto, amam mais perfeitamente a Deus do que eu.

Porque se enxergo a mim mesma como indivíduo, percebo quão insignificante sou. Todavia, se me vejo como parte do Corpo Místico – e é o que almejo –, estou unida, no amor, a todos os outros seguidores de Cristo.

Toda a Humanidade encontra a sua salvação nesta Unidade. Porque Deus é tudo o que é bom, Ele criou tudo o que existe e ama tudo o que criou: este é o Corpo Místico. Por conseguinte, quem ama todos os que fazem parte deste Corpo, também ama toda a Criação.

A Humanidade redimida tudo abrange – toda a Criação e o seu Criador – porque Deus está no homem e em tudo o que existe. Assim, toda a realidade se acha conectada, unida num único Corpo.

É minha esperança que, pela graça Divina, todo aquele capaz de enxergar a realidade desta perspectiva seja genuinamente iluminado e ardorosamente confortado, caso necessite de conforto.

Estou falando sobre os seres humanos que serão redimidos porque, durante as Visões, Deus não me mostrou quaisquer outros. Creio em todas as coisas que a Santa Igreja crê, prega e ensina. Pela graça de Deus, acolho como verdadeiros os ensinamentos da Santa Igreja e os mantenho sempre em mente, sendo minha vontade e intenção nunca contrariá-los ou negá-los.

Sustentada por este propósito, ponderei, com muito zelo, a Revelação que me fora concedida. Percebi então que a mensagem de Deus para mim e a mensagem transmitida pela Igreja era a mesma.

Tudo isto me foi mostrado de três maneiras:

através da minha visão física,

através do meu entendimento intelectual

e por intermédio de visões espirituais.

Quisera saber como descrever as visões espirituais de uma forma mais clara e explícita, mas confio que o Nosso Senhor Deus Onipotente irá revelar a cada um de vocês o significado dessas Visões com muito mais doçura e profundidade do que eu seria capaz.

SEGUNDA REVELAÇÃO

CAPÍTULO X

"Deus deseja ser percebido e buscado; deseja ser aguardado e que Nele confiemos."

Com a minha visão física contemplei, estampados na face do crucifixo pendurado diante de mim – e para o qual o meu olhar voltava-se com insistência –, imagens da Sua Paixão: o desprezo, as cusparadas, as profanações, os golpes e as muitas dores angustiantes, muito mais do que consigo enumerá-las.

Assisti à mudança constante de cor das feições do Crucificado. Notei que sangue seco cobria-Lhe metade do rosto, a começar da orelha, e, quando a outra parte do rosto também se tingiu de vermelho, a crosta de sangue da metade anterior desvaneceu como surgira.

Estas foram percepções físicas, mas que vieram a mim como se por intermédio da escuridão e das sombras. Desejei ser capaz de enxergar com maior nitidez, todavia minha razão ponderou: *"Se Deus quiser te mostrar mais, então o Espírito Santo será a tua luz. Tu não precisas de nenhuma outra fonte de iluminação, exceto Dele"*.

Porque, apesar de já O ter visto, eu continuava procurando-O.

Neste mundo somos tão cegos e ignorantes que nunca buscamos Deus até que Ele, por Sua imensa misericórdia, Se revela a nós. Entretanto, tão logo – por obra da graça – nós O vislumbramos, somos impelidos, por esta mesma graça, a procurá-Lo com redobrado ardor, ansiosos para vê-Lo com mais clareza e alegria. E assim eu O vi e O busquei, O tive para mim e Dele careci. Esta é, e deveria ser, a nossa atitude nesta vida.

Houve um instante em que me senti transportada até o fundo do mar, onde avistei colinas e vales verdejantes, algas marinhas e pedras como se revestidas de musgo. Então compreendi: se alguém se encontrasse sob a vastidão das águas – e fosse capaz de perceber a presença de Deus ali – permaneceria seguro, de corpo e alma. E além da segurança, encontraria mais conforto e paz do que qualquer um poderia imaginar, pois Deus está sempre junto do homem.

A vontade de Deus é que acreditemos e sintamos a Sua Divina Presença ao nosso lado todo o tempo, embora possamos supor que só nos seja facultado entrevê-Lo. Por meio desta crença Ele nos leva a crescer na graça, porque Deus deseja ser percebido e buscado; deseja ser aguardado e que Nele confiemos.

Considerei esta Segunda Revelação tão insignificante, tão breve e tão simples, que minha alma agoniou-se terrivelmente. E triste, temerosa e cheia de inquietações, cheguei até a duvidar de que fosse mesmo uma Visão.

Porém, posteriormente, o nosso bom Senhor me conferiu mais discernimento, permitindo-me entender que, de fato, se tratava de uma Revelação. Porque era devido aos nossos pecados que o nosso belo, justo e resplandecente Senhor envergava a nossa carne indigna e mortal.

Isto me fez lembrar do Véu de Verônica, guardado em Roma, no qual Cristo deixou impressa a Sua sagrada e desfigurada face, quando, no seu Calvário, caminhou deliberadamente para a morte.

Testemunhei a mudança da cor de Seu rosto em meio ao sofrimento. A imagem era tão escura, tão esquálida, tão dolorosa, que parecia inadmissível ser a face de Jesus – Aquele que é a beleza do Céu, a flor da Terra e o fruto do ventre da Virgem. Como era possível existir tal imagem, tão desfigurada, tão distante do belo?

Explicarei como a graça Divina me concedeu o entendimento deste paradoxo.

Nós sabemos, por intermédio da nossa Fé – e acreditamos, por meio dos ensinamentos e pregação da Santa Igreja – que a Trindade bendita criou a humanidade à Sua imagem e semelhança. Também sabemos que, ocasionada pelo pecado, a queda do homem o lançou em tão profunda infelicidade, que não havia outro jeito de resgatá-lo senão por meio Daquele que lhe deu a vida.

E Ele, que criou o homem por amor, por este mesmo amor restituiu ao homem a felicidade anterior à sua queda, oferecendo-lhe uma alegria ainda maior.

E assim como fomos concebidos à imagem da Trindade, o nosso Criador quis, em virtude da nossa recriação, que nos tornássemos semelhantes a Jesus Cristo, nosso Salvador, e que junto Dele estivéssemos no Céu por toda a eternidade.

Mas entre estes dois objetivos – a nossa semelhança inicial com a Trindade e a nossa semelhança com Cristo – jaz o passo dado por Jesus quando, por amor e reverência ao ser humano, se fez um de nós e revestiu-Se da nossa carne impura e mísera para que pudéssemos viver sem pecados. Sob o manto da nossa mortalidade e indignidade, o nosso justo, luminoso e santo Senhor, escondeu a Sua Divindade. É este o significado desta Visão.

E no entanto ainda ouso afirmar, com toda certeza, que nenhum ser humano jamais foi tão belo quanto Ele, até que Sua beleza se desfigurou pela tristeza e suplício da Sua Paixão.

A respeito disto mais será dito na Oitava Revelação. Também na Oitava Revelação será destacado o Véu de Verônica e as inúmeras alterações na cor e expressão da imagem impressa no tecido: ora reconfortante e vivaz, ora sofrida e lúgubre.

Esta Segunda Visão, a despeito de turva e obscura, provou-se um verdadeiro aprendizado para mim. Compreendi que Deus se deleita quando procuramos a Sua Divina Presença sem cessar, mesmo quando, da nossa perspectiva, não fazemos nada além de buscar, sofrer e confiar. Só enxergamos claramente que encontramos Deus quando isto nos é revelado por uma graça especial do Espírito Santo. É a nossa busca – com Fé, Esperança e Amor – que agrada ao Nosso Senhor; e é o encontrar que delicia a nossa alma e nos inunda de alegria.

Tudo isto me fez compreender que durante o tempo que Deus permite à nossa alma labutar nesta Terra, buscar é tão maravilhoso quanto contemplar. É vontade de Deus que *nós O procuremos* até que O contemplemos, porque é nesta contemplação que Ele Se revela a nós – por Sua graça especial e quando julgar oportuno.

Quanto ao modo de O contemplarmos, o próprio Deus irá nos ensinar. Aquilo que mais O honrará e mais contentará a nossa alma é recebido principalmente por meio da humildade e das virtudes e pela graça e ação do Espírito Santo. A alma glorifica a Deus quando se agarra a Ele com total confiança, seja na busca ou na contemplação.

São duas as práticas ensinadas nesta Visão: Buscar e Contemplar.

Todo mundo busca Deus à sua própria maneira, com a graça e pela ação do Espírito Santo e com o auxílio dos ensinamentos da Santa Igreja. É vontade de Deus que nossa Busca seja marcada por três elementos.

O primeiro é que O procuremos com perseverança, sem preguiça e, tanto quanto possível, sem cairmos no abatimento irracional ou na ansiedade vazia. O segundo é que saibamos descansar em seu Divino amor, sem nos lamuriarmos ou lutarmos contra os seus desígnios em nossas vidas, cientes de que a nossa existência na Terra é apenas transitória.

O terceiro elemento é que confiemos Nele plenamente e nos conservemos firmes na Fé, pois Deus quer que entendamos que a manifestação do Divino em nossas vidas será súbita e alegre para todos aqueles que O amam.

Embora a ação de Deus aconteça de formas misteriosas, Ele deseja que a Sua Presença Santa seja percebida em nossas vidas. Sua manifestação será repentina, mas Deus quer que Nele confiemos e O aguardemos porque Ele é só simplicidade e generosidade. Bendito seja Deus!

TERCEIRA REVELAÇÃO

CAPÍTULO XI

"Tudo aquilo que é feito é bem-feito: porque o Nosso Senhor Deus tudo faz. O pecado não é uma ação."

Então, à luz do meu entendimento, vi Deus contido numa Partícula Minúscula, um Ponto tão diminuto que mal podia ser notado e que, no entanto, continha a origem e a essência de todas as coisas. Esta Visão me fez compreender que Deus está, deveras, em toda a realidade.

Enquanto me debruçava longa e reflexivamente sobre esta Revelação, senti-me dominada por uma vaga ansiedade e pensei: *"O que é o pecado?"* Porque eu enxergara, com clareza, que até a ação mais insignificante, mais trivial, é, verdadeiramente, obra de Deus. Nada do que ocorre é mera casualidade, coincidência ou fruto do acaso; tudo sucede como parte dos sábios desígnios divinos, traçados desde antes do início dos tempos. O que julgamos ser coincidência só consideramos como tal porque a nossa assimilação é limitada demais e a nossa perspicácia obscurecida. Aqueles acontecimentos que parecem nos surpreender de fato já existiam na sapiência eterna de Deus, que nos conduz, contínua e retamente, ao que é melhor para nós. Na nossa cegueira exclamamos: "Que coincidência!", ou, "Foi pura sorte!" Porém, a perspectiva divina é bastante diferente.

Assim, a única conclusão cabível é que qualquer coisa que acontece, acontece para o bem – porque em tudo

Deus é ativo. Nesta Visão não me foi descortinada a ação do mundo criado, mas apenas a ação de Deus desenrolando-se na Criação. Deus é o Ponto Central de tudo que existe, o eixo em torno do qual o mundo gira. Eu estava convicta de que tudo o que Deus faz é bom, por conseguinte, Ele não cria nenhum pecado.

Neste momento compreendi, realmente, que o pecado é nada. Toda ação é Deus e o pecado não é, absolutamente, uma ação. Tão logo assimilei essa percepção, calei o assombro a fim de me concentrar no Senhor e no que Ele tencionava me desvendar.

Então, tanto quanto fui capaz de absorver naquele instante, contemplei a retidão das ações de Deus no mundo.

A retidão possui duas belas qualidades: é justa e plena, como o são todas as ações de Nosso Senhor; e elas não carecem nem do fluxo da misericórdia, nem do fluxo da graça, pois a justiça e a plenitude nada deixam faltar.

Todavia, numa outra ocasião, conforme irei relatar posteriormente, o Senhor me concedeu uma Visão nua e crua do pecado – e, nesta situação, testemunhei a ação da Sua misericórdia e graça. Creio que esta Revelação me foi oferecida porque Deus deseja aguçar a nossa contemplação da Sua Divina Essência em particular e da Sua obra em geral. Porque as ações divinas são repletas de bondade; são atos afáveis e compassivos que trazem grande conforto para a alma daqueles que abandonam a perspicácia cega dos homens para se aterem à perspectiva equitativa e generosa de Nosso Senhor Deus.

O ser humano julga algumas obras benéficas e outras nocivas, entretanto, não é como Deus as vê. Porque assim como tudo o que existe é criação de Deus, todas as obras trazem, na sua essência, o próprio Deus.

É fácil entender que a obra mais elevada e primorosa seja bem-feita, porém, na perspectiva Divina, também é bem-feita aquela ação mais insignificante – e todas elas segundo a natureza e a ordem determinadas por Deus desde antes do início dos tempos. Porque não existe outro Criador senão Ele.

Atinei, com perfeita clareza, que os desígnios Divinos nunca mudam e jamais mudarão, pelos séculos dos séculos. Todas as coisas que existem sempre existiram na mente de Deus. Tudo foi ordenado antes mesmo que qualquer coisa fosse criada, e permanece eternamente.

Nada, seja o que for, jamais cairá na irrelevância. Deus fez todas as coisas plenas e boas e, em razão disso, a Santa Trindade exulta perpetuamente em toda a Sua obra.

Tudo isto Deus me mostrou na mais completa alegria, como se me dissesse: *"Vê! Eu sou Deus. Vê! Eu estou em todas as coisas. Vê! Eu faço todas as coisas. Vê! Eu nunca afasto minhas mãos da Criação, nem jamais afastarei por toda a eternidade. Vê! Eu conduzo todas as coisas para o propósito ao qual as destinei desde antes do início dos tempos, por meio do mesmo Poder, Sabedoria e Amor com que as criei. Se é este o caso, como pode, então, haver alguma coisa errada com o mundo?"*

E assim poderosa, sábia e amorosamente, minha alma foi testada através desta Visão. Percebi então o quanto me seria verdadeiramente benéfico aceitar a mensagem e, reverente, me regozijar na contemplação de Deus.

QUARTA REVELAÇÃO

CAPÍTULO XII

"O inefável sangue de Nosso Senhor Jesus Cristo é tão verdadeiramente precioso quanto verdadeiramente abundante."

Em seguida, contemplei a imagem do nosso Salvador sangrando abundantemente em razão da flagelação. À medida que as vergastadas atingiam Seu corpo santo, a pele lacerada se abria, expondo a carne tenra. Tão profuso era o sangramento, que se tornou impossível ver pele ou ferimento, porque Ele parecia feito inteiramente de sangue. Porém, antes de cair no chão, o sangue desaparecia.

Havia tanto sangue que eu soube ser necessário prestar atenção e ponderar o seu significado. Se aquele sangramento copioso fosse concreto – e não uma Visão espiritual – teria encharcado minha cama e se alastrado pelo quarto.

Ocorreu-me então que Deus, em sinal de Seu zeloso amor por nós, cobriu a Terra com água em abundância para suprir as nossas necessidades e nos propiciar conforto físico. Entretanto, a despeito de sermos tão dependentes das águas da Terra, Deus deseja que sejamos ainda mais intimamente dependentes do sangue de Cristo, porque não existe líquido algum capaz de lavar as nossas faltas, exceto o Seu sangue sagrado. Pois assim como é profuso e precioso – por jorrar da Fonte Divina –, Seu sangue, em virtude de Seu amor por nós, se transforma na nossa própria força vital, nos inundando de alegria. O inefável sangue de Nosso Senhor Jesus Cristo é tão verdadeiramente precioso quanto verdadeiramente abundante. Olhem e atentem! Esta infinitamente valiosa profusão de Seu sangue transbordou para o Inferno e arrombou seus grilhões, resgatando todos os que se achavam separados de Deus e levando-os para casa, o Paraíso. A divina abundância de Seu sangue bendito se espalha por toda a Terra e, de imediato, lava do pecado todas as gerações passadas, presentes e futuras, restaurando, assim, sua Unidade com Deus.

A abençoada copiosidade de Seu sangue também ascende da Terra para o Céu, para o Corpo santo de Nosso Senhor, e lá continua a verter de Cristo, enquanto Ele ora ao Pai por nós. E este jorro de vida continuará enquanto preciso for. Em todos os reinos do Céu, em todos os reinos da Terra, Seu sangue sagrado flui e toda a realidade é aperfeiçoada pela restauração da humanidade. Aqueles que viveram no passado, aqueles que estão vivendo agora e os que viverão no futuro são todos renovados por este sangue; e a ninguém faltará a vida que este sangue oferece.

QUINTA REVELAÇÃO

CAPÍTULO XIII

"O Inimigo é subjugado pela sagrada Paixão e Morte de Nosso Senhor Jesus Cristo."

Antes mesmo de me inspirar palavras para descrever minha experiência, Deus me permitiu contemplá-Lo pelo tempo necessário a fim de que eu pudesse assimilar e compreender o que estava diante de mim. Então, em meio ao silêncio, Ele fez ecoar em minha mente: *"Assim é como o Demônio é subjugado"*. Estas palavras, suscitadas por Nosso Senhor, referem-se à Sua sagrada Paixão, que levou à derrota do Inimigo.

Nesta Visão nosso Salvador revela que o Demônio possui hoje a mesma malícia de antes da Encarnação. Entretanto seus esforços são inúteis agora, pois, a despeito de seu empenho incansável para perder as almas, estas lhe escapam continuamente em virtude da preciosa Paixão de Cristo.

Este é o sofrimento do Demônio, porque embora Deus não o impeça de atuar no mundo, cada uma de suas artimanhas é transformada, pela ação divina, em alegria para nós e em humilhação e tormento para ele. Satanás experimenta a mesma tortura quer aja no mundo – com a licença de Deus –, quer não faça absolutamente nada, porque o seu poder é absorvido por Deus e, portanto, o Inimigo nunca é capaz de disseminar tanto mal quanto gostaria.

À luz do meu entendimento, é impossível haver ira em Deus, porque o Nosso Senhor busca, incessantemente, nos conduzir a um relacionamento com Ele. O anseio do Criador é um só: cumular de bênçãos a todos nós, a quem é oferecida a salvação. Com força e justiça, Cristo se opõe ao Infame que, movido por sua maldade e astúcia, se ocupa em conspirar e agir contra a vontade do Altíssimo. Também nesta Visão testemunhei como o Nosso Senhor desdenha a malícia de Satanás. Aos olhos de Deus, Satanás não é nada e Deus deseja que partilhemos desta Sua perspectiva.

Sem conseguir evitar, ri com prazer diante do menosprezo divino reservado ao Maligno. Meu riso largo contagiou os que me cercavam e logo todos se puseram a rir.

O som das risadas me encheu de uma felicidade imensa e almejei que todos os meus semelhantes presenciassem o que eu presenciara para, então, rirem comigo também.

Todavia o Cristo na cruz não estava rindo. Isto me possibilitou compreender que nós podemos rir, de alívio e alegria, porque o Demônio é subjugado, mas a minha percepção do desdém do Criador pela malícia do Inimigo resultou de uma Revelação interior, porque, na realidade, o estado de ânimo de Deus jamais se altera, visto ser Ele sempre o mesmo.

Circunspecta, falei:

– Vejo três elementos: Deleite, Desdém e Seriedade.

Deleite porque o Demônio é subjugado; Desdém, porque Deus desdenha Satanás e este deverá ser menosprezado; e Seriedade porque o Diabo é vencido pela sagrada Paixão e Morte de Cristo, vivida por Ele com total comprometimento e agonia excruciante.

Nós costumamos enxergar as coisas como elas são agora e como serão na Eternidade, porém a perspectiva de Deus é unificada. Esta é a razão de Deus perceber o Demônio como nada, porque o Final dos Tempos trará a aniquilação do Maligno. Satanás olhou para os seres humanos com malícia, entretanto, no fim, todos os seus ardis se reduzirão a nada e todas as tribulações e aflições causadas por ele serão transformadas em alegria infinita para nós. Assim, os sofrimentos e tristezas mundanos, juntamente com o Inimigo causador do Mal, serão atirados na inexistência e para sempre banidos da nossa vista.

SEXTA REVELAÇÃO

CAPÍTULO XIV

"A passagem de cada pessoa pela vida será conhecida no Céu e cada pessoa será recompensada por seu tempo e disponibilidade de servir a Deus."

Depois, disse o nosso bom Senhor: *"Agradeço a ti por teu trabalho árduo e, especialmente, por entregares a Mim a tua juventude".*

Nesta Revelação meu entendimento foi elevado ao Céu, onde vi Cristo como o dono da casa que chamou Seus amados servos e amigos para um banquete formal, uma festa suntuosa.

Percebi então que o Altíssimo não havia ocupado nenhum lugar à própria mesa e, todavia, Sua presença majestosa estava em toda parte, espargindo júbilo e contentamento a fim de alegrar e animar Seus amados convidados. E Ele, cantando canções de amor infinito, dispensava-lhes tal acolhimento e os cercava de tanta cortesia, que Sua Essência impregnava o Céu de felicidade e deleite.

Deus me mostrou que cada alma no Céu – aquelas que O serviram com prazer de boa vontade, ainda que brevemente – experimentarão três níveis de alegria.

O Primeiro ocorre quando Nosso Senhor oferece à alma um agradecimento reverente por seus esforços terrenos. Diante de tão sublime honraria, a alma se sente incapaz de conter mais quaisquer alegrias, pois, na minha percepção, toda a dor e tribulações passíveis de serem sofridas por alguém que se dispõe a servir a Deus não o tornam merecedor de tamanha distinção. No entanto, o Criador nos estende a gratidão Divina.

O Segundo nível de alegria jaz no fato de que toda a Criação testemunhará como Deus acolhe e agradece a cada um por suas obras na Terra. O exemplo que me vem à mente é o de um rei que diz *"obrigado"* aos seus servos. O reconhecimento por si só já constitui uma grande honra, porém, se a gratidão do soberano é expressa perante todo o reino, a honra torna-se ainda maior.

O Terceiro nível é este: o júbilo proveniente da gratidão de Deus continuará eternamente, tão recente e delicioso quanto o fora no primeiro momento. Também me foi revelado que – com uma doce intimidade e familiaridade – a passagem de cada pessoa pela vida será conhecida no Céu e cada pessoa será recompensada por seu tempo e disponibilidade de servir a Deus. E aqueles que, de bom grado e livremente, entregaram sua juventude a Deus serão agradecidos com particular reverência.

Contudo, não importa por quanto tempo alguém se dispôs a servir Deus na Terra; não importa se O tenha servido por um instante, um dia ou uma vida inteira porque, no fim, cada pessoa experimenta os três níveis de alegria. E quanto mais cientes estamos da acolhida e cortesia com as quais o Amor Divino nos estende a mão, mais ansiosos ficamos para servir a Deus todos os dias de nossas vidas.

SÉTIMA REVELAÇÃO

CAPÍTULO XV

"Não é vontade de Deus que cultivemos o sofrimento quando visitados pela tristeza, ou que nos entreguemos a lamentações."

Em seguida, minha alma saboreou um verdadeiro deleite espiritual e fui dominada pela certeza imperecível de que Deus sustenta todas as coisas, com firmeza e constância, por toda a eternidade. Tão forte, tão jubilosa e transcendente era esta convicção, que fiquei inteiramente em paz, no mais completo repouso, não havendo na Terra nada capaz de me abalar.

Entretanto a sensação de plenitude durou pouco e me vi à mercê da aflição e do desânimo. Estava tão irritada comigo mesma, tão impaciente, que me descobri cansada da minha vida. Em nada eu encontrava conforto ou serenidade – exceto na Fé, na Esperança e no Amor. Todavia, embora os sentisse em meu íntimo como verdadeiros, mal conseguia experimentá-los.

Logo depois, nosso Santo Senhor concedeu novamente à minha alma conforto e repouso, e de uma maneira tão gratificante e firme, tão prazerosa e sólida, que nenhuma preocupação, nenhuma tristeza, nenhum padecimento físico poderia ter me angustiado.

Contudo, o ciclo persistiu: ora a dor me esmagava, ora a alegria e o prazer me inundavam. E esta alternância de emoções continuou pelo menos umas vinte vezes. Nos momentos de contentamento, eu poderia ter exclamado como São Paulo: *"Nada irá me separar do amor de Cristo!"* E quando subjugada pelo sofrimento, poderia bradar como São Pedro: *"Senhor, salva-me, ou pereço!"*

À luz do meu entendimento, o propósito desta Visão era mostrar quão profícuo é para a alma tal oscilação: às vezes se sentir confortada e às vezes se julgar abandonada. Deus quer que compreendamos que Ele nos protege igualmente no contentamento e na tribulação. Às vezes nos é benéfico sentir como se estivéssemos entregues apenas a nós mesmos. Os sentimentos de separação de Deus não são sempre causados pelo pecado, pois como eu poderia ter pecado no decorrer desta Revelação? A mudança do contentamento para o desespero fora súbita demais para que eu tivesse oportunidade de pecar! Tampouco considero haver sido agraciada com o abençoado júbilo por merecimento próprio. Tanto a tristeza quanto o regozijo são dádivas que o Senhor nos oferta livremente. Deus nos permite vivenciar toda uma gama de emoções – mas todas elas são expressões do Amor Divino.

O Criador deseja que nós, ainda que mergulhados na dor e na tristeza, nos agarremos à paz com todas as nossas forças porque, em última instância, a nossa alegria é eterna, porém a nossa dor é passageira e irá evaporar na mera insignificância para aqueles que serão salvos. Portanto, não é vontade de Deus que cultivemos o sofrimento e a dor quando visitados pela tristeza, ou que nos entreguemos a lamentações, e sim que os superemos rapidamente e nos conservemos imersos na infinita alegria, que é o próprio Deus.

OITAVA REVELAÇÃO

CAPÍTULO XVI

"Um fragmento da Sua Paixão."

Depois, Cristo me mostrou alguns momentos da Sua Paixão, quando prestes a morrer na Cruz. Vi Sua doce face ressecada e pálida, como se todo o sangue tivesse sido drenado. Então Seu rosto tornou-se mais descorado, esquálido, parecendo que a força vital O havia desertado. Em seguida a pele tingiu-se de uma nuança azulada, e logo o azul adquiriu uma tonalidade opaca, à medida que a morte O consumia. O martírio revelava-se mais claramente em Seu rosto, e em particular nos lábios, devido às constantes alterações de cor. A mudança sofrida por Seu rosto – de belo, corado e viçoso a emaciado e lúgubre – me causou grande aflição. Seu nariz atrofiou-se e mirrou, Seu corpo sagrado cobriu-se de uma pigmentação amarronzada e negra. As cores vibrantes da vida O abandonaram, deixando-O dessecado e agonizante.

Enquanto eu presenciava Nosso Senhor e Salvador morrer no Lenho, percebi um vento cortante e frio soprando ao redor da Cruz. Porém, ainda que Seu sangue precioso escoasse, Sua carne conservava-se úmida.

O sofrimento, o derramamento de Seu sangue, o vento cortante e o frio, amalgamaram-se no corpo santo de Cristo. E esses quatro elementos – dois internos e dois externos – aos poucos definharam Sua carne. O suplício de Nosso Senhor, embora excruciante e amargo, nunca abrandava e pude ver como Seu corpo era penosamente exaurido de toda a energia.

Testemunhei Sua carne fenecer, parte por parte, em meio a dores aterradoras. Vi também que, enquanto houvesse um resquício de força vital em Seu corpo, Seu calvário perduraria.

Tive a impressão de que esta demorada tortura havia se estendido por sete longas noites, em que Cristo estivera inanimado, moribundo, nos estertores da morte e sofrendo a agonia de suas dores derradeiras. Seu corpo estava tão descorado, tão esgotado, tão atrofiado, tão cadavérico, e num estado tão lastimável, que Ele parecia estar morto há sete dias – e, no entanto, continuava suportando a angústia da morte. E tive a impressão de que o ressecamento da carne de Cristo foi a Sua pior dor, e a última da Sua Paixão.

CAPÍTULO XVII

"Que dor maior pode haver para mim do que vê-Lo – Aquele que é toda a minha vida, toda a minha felicidade e toda a minha alegria – sofrer?"

À medida que a morte de Cristo se desenrolava diante dos meus olhos, Suas palavras vieram-me à mente: *"Tenho sede"*. Percebi Nele dois tipos de sede: física e espiritual, e sobre esta última falarei no CAPÍTULO XXXI. Lembrei-me destas palavras em razão de Sua sede física, resultante da carência de fluidos.

A carne e os ossos de nosso Salvador estavam drenados de sangue e umidade. Dependurado na cruz, os cravos trespassavam a carne tenra, o peso de Seu corpo sugando-Lhe a vida, deixando-O árido e ressequido.

Enquanto pendia da cruz, hora após hora, os cravos enormes rasgavam-Lhe a carne, abrindo chagas profundas. A coroa de espinhos, enterrada na Sua cabeça, perfurava-lhe a pele, os ferimentos logo obstruídos por uma crosta de sangue. Seus cabelos perfumados se emaranhavam nos espinhos e o couro cabeludo, ressecado, rachava. No início do suplício, quando a carne ainda estava vigorosa e sangrando, a pressão contínua dos espinhos alargou as feridas, e não tardou até que a pele frágil da Sua cabeça – juntamente com os cabelos e o sangue – se desprendesse do crânio e, como um pedaço de pano roto, parecia a ponto de soltar-se e cair devido ao próprio peso e frouxidão, pois a umidade natural não fora por completo esgotada. Diante desta Revelação, descobri-me prisioneira do mais absoluto horror e tristeza e embora eu não testemunhasse como acontecera, compreendi que a Sua coroação com os espinhos pontiagudos tinha sido violenta e dolorosa, brutal e impiedosa.

Esta Visão continuou por mais algum tempo e então começou a se alterar. Surpresa, pensei como tal coisa seria possível. Contudo não demorei a notar que era devido ao ressecamento da pele que a pressão exercida pela coroa diminuía. Mas ao redor da coroa de espinhos surgiu uma outra, de sangue. E ambas adquiriram uma tonalidade amarronzada, semelhante a de sangue coagulado.

A pele de Seu rosto e de Seu corpo, marcada por pequenas rugas, apresentava uma coloração trigueira, como a de uma tábua velha e seca, Sua face ainda mais escura que o corpo.

No transcurso desta Visão, constatei que a dessecação de Cristo resultou de quatro causas:

Primeira: a volumosa perda de sangue em virtude de Seus numerosos ferimentos.

Segunda: a extração da umidade de Seu corpo pela dor.

Terceira: Ele ficara dependurado e exposto ao vento, assim como quando colocamos uma toalha molhada no varal para secar.

Quarta: Nosso Senhor pedira água e nada Lhe deram, tampouco Lhe ofereceram algum conforto que mitigasse Seu tormento e aflição.

Ah! Doloroso e cruel foi o Seu sofrimento, porém, muito mais dolorosos e cruéis foram o esgotamento e o definhamento de Seu corpo quando privado da umidade natural.

Observei as duas dores estampadas em Sua cabeça santa: a primeira provocada pelo ressecamento, quando os fluidos se esvaíam; a segunda, lenta, inexorável, quando nosso Salvador, exposto ao vento, suportou o frio assustador que Lhe sorvia a umidade da carne. E quanto às Suas outras dores, tão hediondas eram que me faltam palavras para descrevê-las.

Diante desta Visão da agonia de Nosso Senhor, a angústia me sufocou.

Eu estava ciente de que Ele sofrera na Cruz apenas uma vez e de que me concedera esta Visão atendendo a uma súplica minha. No decorrer desta Revelação, não senti nenhuma outra dor, exceto as de Cristo e assim dei-me conta de quão pouco sabia quando desejara vivenciar o Seu suplício. Se eu houvesse compreendido a enormidade de Seu sofrimento, nunca teria sido capaz de rezar como rezara, pois esta era a dor mais atroz que eu jamais experimentara.

Então, pensei: *"Haverá dor tão excruciante quanto esta?"* E minha razão logo respondeu: *"O Inferno é uma dor mais torturante, porque lá existe o desespero"*.

Entretanto, dentre todas as dores que podem nos levar à salvação, a pior delas é testemunhar o sofrimento do nosso Amado. Que dor maior pode haver do que vê-Lo – Aquele que é toda a minha vida, toda a minha felicidade, toda a minha alegria – sofrer?

Ao refletir sobre isto, percebi que, verdadeiramente, eu amava mais a Cristo do que a mim mesma e que nenhuma dor que viesse a me abater seria tão terrível quanto o martírio de vê-Lo sofrer.

CAPÍTULO XVIII

"Quando Ele estava sofrendo, nós estávamos sofrendo."

Pude ver agora uma fração da compaixão de Nossa Senhora, porque ela e Cristo estavam tão unidos no amor, que a medida do amor de Maria era também a medida da sua dor. Nesta Visão testemunhei a essência do amor inato, fortalecido pela Graça, que a Criação tem pelo seu Criador. A dimensão do amor humano se manifestou, em toda a sua plenitude, na doce mãe do Salvador; e porque ela O amou mais do que qualquer outro, seu sofrimento também excedeu ao de qualquer outro. Pois quanto maior, mais forte e terno é o amor, maior é o martírio de contemplar o corpo do Amado submetido ao suplício.

Porém, para todos os discípulos de Cristo – e para os que verdadeiramente O amavam – a angústia de assistir ao Seu calvário provou-se mais pungente do que se eles mesmos estivessem à morte.

Estou certa, mediante minha experiência pessoal, de que o menor dos seguidores de Jesus O amou tão mais do que a si mesmo que este sentimento se acha além da minha competência para expressá-lo.

Percebi, então, que estamos todos nós imersos em Cristo, porque quando Ele estava sofrendo, nós estávamos sofrendo.

Todas as coisas criadas – colocadas por Deus ao nosso serviço e sob nossa responsabilidade – e capazes de experimentar sensações, sofreram com Ele. À hora da morte de Cristo, estremeceram o próprio Céu e a própria Terra por causa da tristeza que permeava a Criação. Todas as criaturas sabem, à sua maneira, que Cristo é o seu Deus, Aquele cuja força as sustenta. Quando a vida se extinguiu em Jesus, toda a Criação foi abalada e, tanto quanto sua natureza permitia, cada ser vivo sentiu a agonia do Seu tormento.

Não é de se estranhar que, por amor, Seus amigos tenham padecido de tamanha dor. Até os que não O conheciam – isto é, o restante da humanidade – sofreram de alguma forma. E se não fosse pela mão poderosa e oculta de Deus amparando-a, a humanidade não haveria encontrado nenhum consolo.

Quando da morte de Cristo, existiam dois tipos de pessoas que não O conheciam e estas estão representadas por dois indivíduos: Pilatos e São Dionísio de Paris, um pagão naquela época.

Na hora da Crucificação, ao presenciar os prodígios e maravilhas, as angústias e os temores, São Dionísio dissera: *"Ou o mundo está chegando ao fim neste momento, ou Aquele que é o Criador de todas as coisas sofre"*. Por este motivo, ele cunhou no altar a seguinte frase: ESTE É O ALTAR DO DEUS DESCONHECIDO. O Deus que, por sua imensa misericórdia, cria planetas e concede aos elementos a sua essência para o bem dos bons e dos maus; pois este Deus havia se retirado do meio da humanidade. Por esta razão, até os que não O conheciam partilharam da dor que impregnava toda a Criação.

Assim o Nosso Senhor Jesus foi lançado ao sofrimento por nós, e no sofrimento permanecemos com Ele, continuando a compartilhar desta experiência até alcançarmos a Sua completa felicidade.

Escreverei mais sobre isto posteriormente.

CAPÍTULO XIX

"Assim, escolhi Jesus como o meu Céu ainda que, naquele momento, O visse somente em meio à dor."

Durante todo este tempo eu poderia ter desviado os olhos da Cruz, mas não ousei fazê-lo, pois sabia muito bem que, enquanto mantivesse o olhar fixo na Cruz, estaria completamente protegida e não me arriscaria a pôr minha alma em perigo porque, longe da Cruz, nada estava seguro ou a salvo da sanha dos demônios.

De súbito, uma voz amigável soou em minha mente: "Olhes para o Céu, para o Pai". Guiada pela Fé, entendi que não existia nada entre a Cruz e o Céu capaz de me ferir. Portanto restava-me obedecer e olhar para o Céu, ou responder à sugestão que me fora sussurrada. Com todas as fibras do meu ser, retorqui interiormente: *"Não, não vou desviar o olhar da Cruz, porque Tu és o meu Céu"*. Disse-o porque muito preferiria sofrer até o dia do Juízo Final do que alcançar o Céu por outros caminhos que não fosse Cristo. Eu tinha perfeita consciência de que Ele, que me atara à dor, iria me libertar quando o desejasse. Assim, escolhi Jesus como o meu Céu ainda que, naquele momento, O visse somente em meio à dor. E eu não almejava outro Céu senão Ele, que será a minha eterna felicidade quando lá eu chegar.

Desde aquele dia me conforto com a certeza de que, pela graça de Cristo, O escolhi para o meu o Céu, mesmo neste tempo de tão grande angústia e aflição. Aprendi que poderia realizar sempre esta escolha, pelo resto da minha vida: eleger Jesus como o meu Céu, na alegria e na tristeza.

Anteriormente eu afirmara que se tivesse conhecimento do grau de sofrimento vivido por Cristo jamais haveria pedido a Deus para partilhar da Sua Paixão. Todavia, agora compreendi que esses sentimentos de arrependimento são apenas uma reação humana natural, experimentados com a permissão da minha alma. Deus não me culpou por ser humana e propensa à fraqueza. É possível se arrepender da dor de uma experiência e, simultaneamente, aceitá-la em toda a sua extensão. Os sentimentos contraditórios que nos acometem são apenas uma expressão de dois aspectos da nossa natureza: exterior e interior. O exterior é a nossa carne mortal, sujeita às tribulações e pesares, visto ser esta a realidade da vida. O meu arrependimento foi fruto de tal perspectiva. O aspecto interior é uma vida de alegria, paz e amor, muito além dos dissabores e turbulências exteriores. E é desta perspectiva interna – forte, sábia e inabalável, – que eu sempre escolho Jesus como o meu Céu.

Por meio desta experiência percebi que o aspecto interior é que, verdadeiramente, domina e controla o exterior. É claro que o aspecto exterior não desaparece, mas não há razão de o interior lhe dar muita atenção, ou se curvar às suas lamúrias, porque, em última instância, o ser humano foi criado para se tornar Um com Nosso Senhor Jesus. Posso dar testemunho somente do que vi – e vi que o aspecto exterior não governa o interior, muito pelo contrário, é o interior que direciona o exterior. E, no fim, ambos os aspectos da nossa natureza estarão unidos na alegria plena, pela graça e força de Cristo.

CAPÍTULO XX

"Ele conheceu a tristeza e a desolação de cada alma e sofreu pelo pecado de cada uma delas."

"Com o amor e a intimidade de um membro da família, partilhou as angústias de cada uma das almas."

A dor de Nosso Senhor Jesus se prolongou sem trégua. A Unidade com a Fonte Divina concedeu à Sua humanidade fortaleza para sofrer mais do que qualquer outro ser humano seria capaz. De fato, o Seu sofrimento excedeu ao somatório de todas as dores experimentadas pelos homens desde o início até o fim da história da humanidade.

No entanto Ele, o Altíssimo, o mais venerável, foi lançado a uma morte vergonhosa, abominável e brutal. Ele, o mais sublime e digno de louvor, se tornou o mais completamente reduzido a nada, o mais negado e o mais cabalmente desprezado.

O ápice do que a Paixão nos revela é a percepção e compreensão de que Aquele que sofreu por nós é o próprio *Deus*. Nesta Visão, Cristo me permitiu entender como a glória da Divina Essência – elevada tão alto para que todos possam vê-la e senti-la – está, ao mesmo tempo, intimamente unida à vulnerabilidade do corpo humano. Também compreendi o quanto nós, criaturas, odiamos experimentar a dor. Todavia Ele, que é inteiramente humano e sem mácula, demonstrou possuir a maior resistência e capacidade de suportar o sofrimento.

Ele conheceu a tristeza e a desolação de cada alma e padeceu pelo pecado de cada uma delas.

Com o amor e a intimidade de um membro da família, partilhou as angústias de cada uma das almas. Porque assim como Nossa Senhora compartilhou do calvário de seu Filho, Ele também compartilhou da dor de Sua mãe, e num nível ainda mais profundo. Durante todo o tempo em que Jesus encarnado vivenciou as sensações humanas, Ele sofreu e se afligiu *por* nós. E agora, ressuscitado, embora Seu corpo já não seja como o nosso, continua a sofrer *conosco*.

Enquanto eu contemplava tudo isto – uma dádiva da Sua generosidade – percebi que o amor de Cristo por nós é tão ardente, que Ele escolheu viver Sua Paixão voluntária e até ansiosamente.

Se, tocado pela graça Divina, você conseguir vislumbrar esta verdade, entenderá, com clareza, que as dores de Cristo ultrapassam todas as dores e que, pelo poder de Sua Paixão, os nossos sofrimentos serão transformados em alegria eterna e avassaladora.

CAPÍTULO XXI

"Estamos, agora, unidos a Ele em Suas dores e em Sua Paixão, morrendo. E estaremos com Ele no Paraíso. E é esta breve dor que padecemos na Terra que nos permite alcançar um conhecimento profundo e infinito de Deus, o que jamais seria possível se não experimentássemos o sofrimento."

É vontade de Deus, segundo o meu entendimento, que assimilemos a Sua sagrada Paixão em mais de um aspecto. O Primeiro é contemplarmos o sofrimento excruciante por Ele vivido com contrição e compaixão. E para que eu fosse capaz de compreender esta Revelação, o Senhor me concedeu fortaleza e graça.

Mas a percepção do Segundo aspecto da Sua Paixão só me ocorreu enquanto O observava na Cruz, esforçando-me para detectar o instante em que Seu espírito O deixava e acreditando que logo veria Seu corpo sem vida. Todavia, não foi o que aconteceu. No momento exato em que eu pensava estar prestes a testemunhar Sua morte – e por isto meu olhar nunca O abandonava – a expressão de Seu rosto sagrado se modificou de súbito. Tal alteração abrupta provocou uma mudança em mim também e, de repente, senti-me alegre e contente como nunca. Parecia escutar o Senhor em minha mente, falando-me com riso na voz: *"O que houve com toda a tua dor e tristeza?"* E a minha felicidade era completa!

Ficou claro, para mim, o propósito de Nosso Senhor. Estamos, agora, unidos a Ele na Cruz, em meio às nossas dores e sofrimento, morrendo. Porém, se, voluntariamente, permanecermos nesta mesma Cruz – com o Seu auxílio e a Sua graça – até o último instante, iremos vivenciar o que Ele vivenciou: a súbita transformação do padecimento terreno em regozijo celestial. Não há nenhuma passagem de tempo entre um estado e outro, pois tudo se converte em deleite. Este é o motivo de o Senhor ter me indagado nesta Visão: *"O que houve com toda a tua dor e tristeza?"* E então transbordaremos todos de alegria.

Compreendi, então, verdadeiramente, que se Cristo nos revelasse o Júbilo de Sua face agora, não haveria nenhum sofrimento na Terra, ou em qualquer outro lugar, capaz de nos afligir, porque tudo seria para nós apenas regozijo e êxtase. Mas Ele nos mostrou a expressão de Seu sofrimento *nesta* vida, quando pregado na Cruz, e assim nós, unidos a Ele, também provamos a angústia e o tormento porque estamos sujeitos às limitações impostas pela nossa fragilidade.

Cristo sofre porque deseja – em virtude de Sua bondade – que compartilhemos de Sua completa felicidade. E é esta breve dor que padecemos na Terra que nos permite alcançar um conhecimento profundo e infinito de Deus, o que jamais seria possível se não experimentássemos o sofrimento. Quanto mais duras as nossas aflições aqui – suportadas junto com Ele, na Cruz – maior será a nossa glória quando estivermos com Ele em Seu Reino.

NONA REVELAÇÃO

CAPÍTULO XXII

"O amor que O fez sofrer por nós é tão maior que a Sua dor quanto o Céu é maior do que a Terra."

Nosso bom Senhor Jesus Cristo indagou: *"Tu estás contente que Eu tenha sofrido por ti?"*

Ao que respondi: *"Sim, bom Senhor, e agradeço a Ti. Sim, bom Senhor; bendito sejas Tu"*.

Então Jesus, nosso amável Senhor, retrucou: *"Se tu estás contente Eu também estou. É Minha alegria, Minha felicidade e um deleite infinito que Eu tenha sofrido a Paixão por ti – e se Eu pudesse sofrer ainda mais, sofreria"*.

Neste momento, minha percepção foi elevada ao Céu e, ao avistar ali três Paraísos, senti-me tomada de assombro e admiração. Porém, embora distinguisse três Paraísos, todos estavam contidos na sagrada humanidade de Cristo – por conseguinte, um não era mais do que o outro, ou menos, nem mais sublime, nem mais insignificante, mas iguais no júbilo!

Cristo revelou a mim o Primeiro Paraíso: Seu Pai. Não a imagem corpórea do Criador, e sim a Sua Divina Essência e as Suas Ações. Isto é, em Cristo, contemplei a Face do Pai. As ações do Pai consistem em outorgar ao Filho, Jesus Cristo, a Sua recompensa. Esta dádiva concede a Jesus tamanha felicidade que nenhuma outra recompensa poderia comprazê-Lo mais. O Primeiro Paraíso é o contentamento do Pai, a Satisfação Divina com tudo o que Jesus tem feito para nos salvar e curar.

Portanto, não pertencemos a Cristo apenas porque Ele nos resgatou, mas porque o Pai nos ofereceu como uma dádiva preciosa ao Filho. Logo, nós somos a alegria de Cristo, nós somos Sua recompensa, nós somos a Sua honra e Sua coroa. E quão maravilhoso e inebriante é ser Sua coroa! Somos, para Jesus, tão grande alegria, que Ele menospreza completamente o tormento e a humilhação de Sua Paixão e Morte na Cruz. Este é o Segundo Paraíso.

Ao ouvir as Suas palavras, *"Se Eu pudesse sofrer ainda mais, sofreria"*, compreendi que Jesus teria morrido incontáveis vezes, pois Seu amor não O deixaria descansar enquanto Sua morte tivesse o poder de me salvar. Atentei para isto cuidadosamente, esforçando-me para contar quantas vezes Jesus morreria por mim se preciso fosse, e, em verdade, o número ultrapassou de tal forma o meu entendimento e raciocínio que a minha razão não foi capaz de o conceber, ou assimilar. Todavia, não importava quantas vezes Ele morreria, porque iria sempre depreciar Sua agonia por considerá-la irrelevante em comparação com o Seu amor.

Embora a doce humanidade de Cristo pudesse sofrer apenas uma vez, Sua bondade nos é ofertada contínua e infinitamente e, dia após dia, Ele está pronto a se entregar por amor a mim. Se Cristo anunciasse que criaria novos Céus e uma nova Terra por amor a mim, isto pouco significado teria, visto ser algo que Ele realizaria todos os dias – se o quisesse – e sem nenhum esforço. Entretanto, na minha percepção, *morrer* por amor a mim incontáveis vezes é a maior dádiva que o Nosso Senhor Deus poderia oferecer à alma humana.

Eis o que me disse o Senhor: *"Por que Eu também não faria por ti tudo aquilo que não Me causa dor, se, por amor e de bom grado, morreria por ti repetidas vezes, sem Me importar com o Meu sofrimento brutal?"*

Então compreendi, na contemplação deste Segundo Paraíso, que *o amor de Jesus é tão maior que a Sua dor quanto o Céu transcende a Terra.*

Sua agonia na Cruz, nobre e venerável, foi vivida num certo momento da História, por amor; mas o Seu amor não se acha delimitado pelo tempo e espaço, porque é sem começo e sem fim. Esta é a razão de Jesus haver dito tão doces palavras: *"Se Eu pudesse sofrer ainda mais, sofreria"*. Ele não falou: "Se Tu *precisasses* que Eu sofresse mais, Eu sofreria". Não; Jesus afirmou que, se pudesse, sofreria mais, quer eu precisasse ou não.

Tudo o que Cristo fez, todas as Suas obras concernentes à nossa salvação, foram traçadas e determinadas por Deus tão perfeitamente quanto Deus poderia traçá-las e determiná-las – este é o Terceiro Paraíso. E percebi ser esta a Felicidade Plena de Cristo, pois Sua felicidade não haveria sido completa se Ele houvesse deixado de fazer algo que não fosse o mais perfeito.

CAPÍTULO XXIII
O DOADOR JUBILOSO

"Toda a Trindade concebeu a Paixão de Cristo."

Foram-me revelados os Três Paraísos nas seguintes palavras de Cristo: *"É Minha alegria, Minha felicidade e Meu deleite sem fim"*. Compreendi a alegria como o prazer do Pai; a felicidade como a honra do Filho e no deleite sem fim está o Espírito Santo.

O Pai é contentado; o Filho, honrado e o Espírito Santo se apraz.

Nas minhas Visões, o nosso bom Senhor me mostrou a Sua sagrada Paixão – isto é, a Alegria e a Felicidade que O fizeram deleitar-Se em cinco formas distintas:

A Primeira é o sangramento de Sua cabeça,

A Segunda, a desfiguração da Sua sagrada face,

A Terceira, o copioso derramamento de Seu sangue em virtude da flagelação,

A Quarta, Sua morte na Cruz.

Estes quatro aspectos concernem ao Seu Calvário – e já os descrevi anteriormente.

O Quinto aspecto refere-se à alegria e felicidade de Sua Paixão.

A vontade de Deus é que, unidos a Ele, nos regozijemos, verdadeiramente, com a nossa salvação e que sejamos imensamente confortados e fortalecidos. Sim! E que possamos rir, pois nossa alma está preenchida com a Sua graça. Porque nós somos a felicidade de Deus, porque em nós Ele se rejubila por toda a eternidade e, por Sua graça, Nele encontramos esta mesma felicidade.

Tudo o que Deus fez, faz e fará por nós, jamais Lhe custou coisa alguma, ou Lhe pareceu um encargo, e tampouco poderia ser assim – com exceção do que Ele realizou enquanto revestido da nossa carne, desde a Sua doce Encarnação até a sagrada Ressurreição, na manhã da Páscoa. Esta medida de tempo é o fardo que Cristo carregou, o sacrifício que Ele fez, o preço que Ele pagou por nossa redenção – e é exatamente este Feito que O inunda de uma alegria infinita, como eu já o disse.

Jesus quer que estejamos atentos à felicidade existente na Santíssima Trindade em decorrência da nossa salvação e deseja que *nós*, com a Sua graça, ansiemos saborear deste prazer espiritual. Em outras palavras, nós devemos experimentar a mesma alegria que Cristo tem na nossa salvação.

Toda a Trindade concebeu a Paixão do Senhor, nos concedendo, por intermédio de Cristo, uma abundância de virtudes e plenitude da graça. Porém apenas o Filho da Virgem sofreu. E por causa de Seu Calvário, toda a Trindade Santa exulta eternamente. Isto me foi revelado através das palavras de Cristo: *"Tu estás contente? Se tu estás contente eu também estou"*. Era como se Ele me dissesse: *"Tua alegria e regozijo Me bastam. E não peço nenhuma outra recompensa pelo tormento que suportei, a não ser a Tua felicidade"*. Escutando-O, eu vi Nele as características de um doador jubiloso. Um doador jubiloso presta pouca atenção às dádivas que oferece porque todo o seu desejo e intento consiste em agradar e consolar o recebedor. Se quem recebe aceita as dádivas com prazer e gratidão, então o doador amável desconsidera tudo o que aquilo lhe custou e todo o seu esforço, porque está concentrado apenas no deleite que a felicidade da pessoa amada lhe proporciona.

Reflita, com sabedoria, sobre a magnitude da palavra "inesgotável", pois esta nos dá uma percepção profunda do amor que Deus derrama em nossa salvação, com as múltiplas alegrias resultantes da Paixão de Cristo. Uma das alegrias é o regozijo Dele por haver vivido Sua Agonia e, portanto, não irá sofrer mais; outra alegria é o fato de Ele ter nos levado para o Céu e nos tornado Sua coroa e Sua felicidade sem fim; e, ainda, uma outra alegria, é que através da Sua Paixão Ele nos resgatou dos tormentos incessantes do inferno.

DÉCIMA REVELAÇÃO

CAPÍTULO XXIV

"Nosso Senhor contemplou o Seu Lado ferido e exultou de alegria..."

"Vê o quanto Eu te amei!"

Com uma expressão jubilosa, Nosso Senhor contemplou o Seu lado ferido e exultou de alegria. Eu parecia seguir o Seu olhar, pois realmente penetrei no interior do ferimento de Sua carne, onde descobri um lugar belo e encantador, grande o suficiente para que toda a humanidade ali repousasse na paz e no amor. Logo pensei no Seu sangue e água preciosos, derramados por amor a nós. Nesta doce Revelação, Ele me mostrou o Seu sagrado coração transpassado e, radiante, me inspirou a mim, uma pobre alma, a refletir sobre o amor *infinito* da Trindade Santa por nós, um amor que não teve começo, que permanece agora e continuará por todo o sempre. Ouvi, então, soar a voz do bom Senhor, cheia de exultação: *"Vê o quanto Eu te amo"*. Era como se Ele me dissesse: *"Minha amada, olha e vê o Senhor, teu Deus, Aquele que é o teu Criador e a tua alegria sem fim. Vê quanto contentamento e felicidade encontro na tua redenção. E, por amor a Mim, rejubila-te Comigo"*.

Como se tais palavras benditas não bastassem para me fazer entender, tornei a escutá-Lo: *"Vê o quanto Eu te amei. Vê – Eu te amei tanto antes de morrer por ti, que desejei morrer por ti. E morri por ti e sofri de bom grado por ti para que tu não sofresses. E agora toda a Minha dor amarga e o Meu cruel tormento se transformaram em alegria e felicidade eternas, para Mim e para ti. Assim, depois de tudo isto, por que tu pensarias que ao rezar pedindo-Me qualquer coisa que Me agrade Eu não Me apressaria a atender a tua oração? Porque o Meu deleite está na tua santificação e tu encontras a alegria sem fim e a felicidade eterna em Mim".*

Segundo o meu entendimento – e expressa da maneira mais simples de que sou capaz – a mensagem abençoada desta Visão resume-se a uma única frase: *"Vê o quanto Eu te amei".*

Isto me foi revelado pelo nosso bom Senhor, para que nos sintamos felizes e possamos rir de puro contentamento.

DÉCIMA PRIMEIRA REVELAÇÃO

CAPÍTULO XXV

"Sei muito bem que tu desejas ver Minha Santa Mãe..."
"E tu verás nela o quanto és amada?"

Com a mesma expressão de regozijo e contentamento, nosso bom Senhor olhou para baixo, para a Sua direita, lembrando-me de que ali Nossa Senhora permanecera aos pés da Cruz, à hora da Sua Paixão. *"Tu queres vê-la?"*, perguntou-me Ele. E era como se, com estas palavras ternas, me dissesse: *"Sei muito bem que tu desejas ver Minha Santa Mãe porque, depois de Mim, ela é a alegria mais sublime que Eu poderia te mostrar. Ela é o Meu maior deleite, a Minha maior glória e todas as minhas bem-aventuradas criaturas anseiam vê-la"*.

O amor que Jesus tem por esta doce Virgem – Sua bendita Mãe – é tão profundo, tão maravilhoso e incomparável, que Maria me foi mostrada em meio ao júbilo. Parecia-me ouvi-Lo sussurrar: *"Ao veres o quanto Eu a amo, tu também irás partilhar da alegria do amor que Eu tenho por ela e ela por Mim"*. Naquele instante, Nosso Senhor Deus estava falando à humanidade, como se todos os indivíduos fossem uma única pessoa: *"Vê, em Minha Mãe, o quanto tu também és amada. Foi por amor a ti que Eu a elevei tão alto, tornando-a tão nobre e digna de louvor. Em Minha Mãe encontro a Minha felicidade e desejo que Nela tu também encontres a tua felicidade"*.

Porque depois de Cristo, Maria é a visão mais sagrada.

Entretanto o propósito desta Revelação não era me fazer esperar contemplar a presença física de Nossa Senhora nesta vida, e sim perceber os atributos da sua alma agraciada – a força da sua bondade, sua sabedoria, seu amor – e que, então, à luz de suas virtudes, eu pudesse me conhecer melhor e reverenciar o Senhor meu Deus.

Quando o nosso Bom Senhor indagou: *"Tu queres vê-la?"*, pedi-Lhe: *"Sim, bom Senhor, graças sejam dadas a Ti, se for a Tua vontade"*. Fiz esta oração muitas vezes, pensando que veria a presença física de Maria, porém tal não aconteceu. Mas Jesus me ofereceu uma visão espiritual de Sua Mãe. Se antes eu a vira pequenina e simples, Ele agora a mostrava a mim excelsa, nobre e gloriosa, aquela que, dentre todos os seres criados, mais O apraz.

Nosso Senhor quer que entendamos que, assim como encontramos Nele a nossa alegria, devemos também encontrar alegria em Sua Mãe e no deleite que Ele tem nela e ela Nele. Para me ajudar a compreender melhor, Jesus me deu este exemplo: *"Se uma pessoa ama alguém mais do que a qualquer outro, essa pessoa não desejaria que todos amassem e se regozijassem nesta criatura que é o objeto de seu tão grande amor?"*

Quando Nosso Senhor indagou, *Tu queres vê-la?*, logo ponderei que nada do que Ele poderia ter dito me deixaria mais feliz.

Jesus não me mostrou nenhuma pessoa em particular, exceto a Virgem Santa. Todavia, a visão espiritual de Sua Mãe, a mim concedida, a revelou em três momentos:

O primeiro, ao conceber Seu Filho,

O segundo, em meio à dor, junto à Cruz,

O terceiro como ela está agora, plena de júbilo, de honra e alegria.

DÉCIMA SEGUNDA REVELAÇÃO

CAPÍTULO XXVI

"Eu sou, Eu sou."

Logo depois, Nosso Senhor Se revelou a mim em toda a Sua glória, resplandecente como eu ainda não O vira até então. E assim percebi que nossas almas jamais encontrarão repouso até que Dele nos aproximemos, sabendo ser Ele – tão acolhedor e amável – a plenitude da alegria e a essência da verdadeira vida.

Nosso Senhor Jesus disse, vezes sem conta: *"Eu sou, Eu sou: Eu sou Aquele que é o Altíssimo, Eu sou Aquele a quem tu mais amas, Eu sou Aquele em quem tu mais te deleitas, Eu sou Aquele a quem tu mais serves, Eu sou Aquele por quem tu mais anseias, Eu sou Aquele a quem tu mais almejas, Eu sou Aquele que mais ocupa os teus pensamentos, Eu sou tudo. Eu sou Aquele sobre quem a Santa Igreja prega e ensina, e Eu sou Aquele que Se revelou a ti nestas visões".*

Tantas e tantas foram as palavras de Nosso Senhor, que elas escapam à minha argúcia, ao meu entendimento e à minha capacidade de as assimilar. Na minha percepção, estas são as palavras mais elevadas porque ultrapassam aquilo que a inteligência pode desejar, ou a alma aspirar.

De fato, não consigo expressar aqui o que tais palavras significaram para mim.

E você, que agora as lê, que Deus lhe conceda a graça de amar e compreender a intenção de Nosso Senhor.

DÉCIMA TERCEIRA REVELAÇÃO

CAPÍTULO XXVII

"Na minha insensatez, sempre questionei por que Deus, na Sua incomensurável e presciente sabedoria, já antecipando o surgimento do pecado, não o evitara. Porque então, assim parecia-me, tudo teria ficado bem."

"O pecado é inevitável – constituiu uma parte necessária –, mas tudo ficará bem."

Em seguida, o Senhor me lembrou do meu anseio constante por Ele. E percebi, então, que nada semeara tropeços no meu caminho, exceto o pecado. Enquanto refletia sobre a humanidade como um todo, não pude deixar de ponderar: se o pecado não houvesse existido, cada um de nós teria sido puro, à semelhança de Nosso Senhor, exatamente como Ele nos criou.

Na minha insensatez, sempre questionei por que Deus, na Sua incomensurável e presciente sabedoria, já antecipando o surgimento do pecado, não o evitara. Pois me parecia que, se Ele o tivesse feito, tudo haveria ficado bem. Há muito eu deveria ter abandonado este questionamento perturbador, não obstante, continuava me lamentando e me afligindo sem razão ou entendimento.

Porém Jesus – que nesta Revelação mostrou-me tudo o que eu precisava saber – respondeu à minha indagação, dizendo: *"O pecado é inevitável. Mas tudo ficará bem, e todos ficarão bem e absolutamente tudo o que existe ficará bem".*

E com esta palavra nua e crua – *pecado* –, Nosso Senhor me trouxe à lembrança tudo o que não é bom, e o menosprezo vergonhoso de que Ele foi vítima, e o tormento extremo que suportou por nós nesta vida, e Sua morte, e todas as dores e sofrimentos, físicos e espirituais, de Suas criaturas.

Porque estamos todos, em parte, imersos em tribulações e nos inquietaremos no seguimento a Jesus até que sejamos completamente purificados, isto é, até que sejamos completamente despidos da nossa carne mortal e de todos os nossos sentimentos que não verdadeiramente bons.

À medida que eu observava esta Visão se desdobrar, com todas as dores que jamais existiram ou jamais existirão, compreendi que a Paixão de Cristo é o mais atroz de todos os sofrimentos e não há nada que o exceda.

Tudo isto me foi mostrado de relance e logo transformado em consolo, porque não é desejo de Nosso Senhor que nossa alma se atemorize diante de tão terrível visão. Entretanto, eu não vi *pecado* algum, porque acredito que o pecado não tem nenhuma substância, não tem concretude. De fato, o pecado só pode ser percebido através da dor que causa. E assim, no meu entender, este sofrimento *é* algo tangível durante um certo tempo, porque nos depura, nos obriga a conhecer a nós mesmos e a nos confiar à misericórdia divina. Todavia, a Paixão de Nosso Senhor nos conforta em meio a este sofrimento, porque esta é a Sua vontade santa.

Por causa do amor compassivo que o Nosso Senhor tem por toda a Criação, Ele nos oferece o Seu consolo sem demora. É como se nos dissesse, suavemente: *"É verdade que o pecado é a causa de todo este sofrimento, mas tudo ficará bem, e todos ficarão bem e absolutamente tudo o que existe ficará bem"*.

Estas palavras foram ditas com um amor imenso, sem nenhuma alusão a uma culpa minha, ou à de qualquer outra criatura. Portanto, seria uma descortesia indescritível culpar Deus pelo meu pecado, pois Ele não lança a culpa sobre mim.

E nestas mesmas palavras eu entrevi um mistério maravilhoso e grandioso oculto em Deus, um mistério que nos será revelado abertamente no Paraíso.

Então conheceremos a verdadeira razão pela qual Deus permitiu a entrada do pecado no mundo e esta revelação nos inundará de uma alegria infinita.

CAPÍTULO XXVIII

"Cada gesto de compaixão que esboçamos uns pelos outros, impelidos pelo amor, é, na verdade, a presença de Cristo em nós."

Assim pude ver a compaixão que Cristo tem por nós, em razão do pecado. E da mesma forma como eu havia vivenciado, numa Visão anterior, um fragmento das dores de Sua Paixão, agora eu também experimentava a Sua compaixão por meus semelhantes, aqueles bem-amados que serão protegidos e guardados em segurança para sempre. Entretanto, ainda assim, os servos de Deus – o Corpo Místico da Santa Igreja – serão abalados e sacudidos pelas tristezas, angústias e tribulações deste mundo, como um pedaço de pano agitado pelo vento.

Em relação a isto, Nosso Senhor me assegurou: *"Na glória infinita e alegria eterna do Paraíso, toda a tristeza será consolada".*

Tão contraditório quanto possa parecer, compreendi que Nosso Senhor se alegra com as atribulações de seus servos, embora imbuído de pesar e compaixão. Na vida de todos aqueles a quem Deus ama, Ele permite a entrada de algumas aflições, a fim de atraí-los para a Sua felicidade. Essas provações não são punições e, na perspectiva divina, tampouco motivo de vergonha, ainda que os olhos do mundo as vejam com desprezo, escárnio e rejeição. Deus age desta forma para impedir que sucumbamos à vaidade, ao orgulho e à arrogância, resgatando-nos, então, de uma vida vazia e nos permitindo enxergar, com mais clareza, o nosso caminho rumo ao Céu, onde nos deleitaremos na Sua felicidade sem fim. Ele disse a mim: *"Eis que vou esmagar por completo os teus desejos egoísticos e a tua soberba maliciosa; e depois te tornarei íntegra e te farei humilde e mansa, e Tu serás pura e santa porque estarás unida a Mim"*.

Isto me fez entender que cada gesto de compaixão que esboçamos uns pelos outros, impelidos pelo amor, é, na verdade, a presença de Cristo em nós. Todo tipo de degradação a que Ele foi submetido em Sua Paixão também me foi mostrado novamente nesta Revelação. Sua misericórdia para conosco se manifesta em dois aspectos: o Seu anseio para que saboreemos a felicidade que nos é oferecida – na qual nos regozijaremos – e o Seu desejo que encontremos conforto para o nosso sofrimento. Cristo quer que compreendamos que todas as nossas tribulações serão transformadas em honra e benesses em virtude de Sua Paixão. Cristo quer que compreendamos que não estamos sozinhos em nosso sofrimento, mas que O temos sempre ao nosso lado e que Ele é o Alicerce que nos sustenta. O que Cristo sofreu por nós – toda a sua agonia e tormentos – é tão mais brutal do que quaisquer dores que possamos vir a experimentar, que jamais seremos capazes de entender a extensão do Seu calvário.

Ter consciência do que Cristo realmente almeja para nós nos ajuda a não nos lamuriarmos e nos sentirmos desencorajados em meio às dificuldades da vida. Quando consideramos todas as maneiras como nos afastamos de Deus – pelo pecado –, não é de se estranhar que encontremos problemas. Todavia o amor de Deus nos perdoa e, na vastidão da Sua generosidade, somos lavados de toda a nossa culpa. Em Sua misericórdia e piedade, o Senhor nos vê como se fôssemos crianças, inocentes e sem absolutamente nada que nos torne indignos de ser amados.

CAPÍTULO XXIX

"Como pode tudo estar bem, depois do grande mal causado às Tuas criaturas por meio do pecado?"

No entanto eu contemplava tudo aquilo, ainda me sentindo perturbada e triste. Em minha mente, questionei Nosso Senhor, tão respeitosamente quanto fui capaz: *"Ah, bom Senhor! Como pode tudo estar bem, depois do grande mal causado às Tuas criaturas por meio do pecado?"* E neste momento desejei, tanto quanto me atrevi, que Cristo me oferecesse uma explicação mais aberta e clara, a fim de que a minha angústia e melancolia fossem suavizadas.

Paciente, e com uma expressão amorosa no rosto, o Senhor me respondeu, mostrando-me que o pecado de Adão havia sido o maior mal que jamais ocorrera ao mundo e que jamais ocorreria, até o final dos tempos. E isto sabe e preconiza a Santa Igreja em toda a Terra. Além disso, Cristo me ensinou que eu deveria me ater à Sua gloriosa reparação do mal, porque este resgate da humanidade é muito mais agradável à Trindade Santa e infinitamente mais precioso do que o dano provocado pela queda de Adão.

Nosso bendito Senhor deseja que prestemos atenção a este Seu ensinamento: *"Se Eu transformei o maior mal que sobreveio à humanidade em bem, então Tu podes confiar que Eu também converterei em bem todas as outras coisas".*

CAPÍTULO XXX

"A Verdade tem dois lados. O primeiro nos foi revelado: o nosso Salvador e a nossa salvação. O outro lado permanece oculto, selado, e abrange tudo o que está além da nossa salvação."

Em seguida, Cristo me levou a refletir sobre os dois lados da Verdade. O primeiro concerne ao nosso Salvador e à nossa salvação, e nos é revelado aberta e claramente, banhado por uma profusão de luz para que possamos enxergá-lo com nitidez. Todos aqueles de boa vontade – e os que ainda serão imbuídos desta solicitude – são capazes de perceber este lado da Verdade, visto ser a realidade que nos une a Deus. E por essa mesma graça, somos atraídos e guiados interiormente pelo Espírito Santo e exteriormente pela Santa Igreja. É desejo de Nosso Senhor que nos debrucemos sobre este aspecto da Verdade nos alegrando Nele, porque Ele encontra a Sua felicidade em nós. Quanto mais plenamente participarmos desta realidade, com respeito e humildade, maior será a misericórdia divina e mais abundante a nossa vida, quando nos regozijamos no Senhor.

Porém, além deste lado que nos foi revelado – alusivo à nossa salvação – tudo o mais permanece envolto em mistério, por ser o propósito oculto de Deus.

Assim como é Sua prerrogativa manter em segredo os Seus desígnios, cabe a nós, Seus servos, em sinal de obediência e reverência, não pretender que Ele nos exponha todos os Seus intentos.

Algumas de Suas criaturas tanto se inquietam e se preocupam em esmiuçar os Seus segredos, que Nosso Senhor Se apieda e Se compadece de todos nós. Entretanto, estou certa de que se soubéssemos o quanto O agradaria, e sossegaria a nossa alma, abandonar tal busca, não hesitaríamos em fazê-lo.

Os santos que estão no Céu aspiram conhecer apenas o que Nosso Senhor deseja lhes mostrar, e, portanto, o seu amor e os seus anseios estão em harmonia com a vontade divina. Deveríamos nos disciplinar para ser como os santos. Então, inspirando-se no seu exemplo, não iríamos ansiar ou desejar conhecer nada, exceto a vontade de Deus, pois, na perspectiva divina, somos todos um só porque estamos unidos a Ele.

CAPÍTULO XXXI

"A Sede Espiritual – que havia Nele desde antes do início dos tempos – é o anseio que subsistirá enquanto persistirem em nós um vazio e uma carência que nos arrastam para a Sua Alegria."

Nosso bom Senhor respondeu a todos os meus questionamentos e dúvidas, confortando-me com estas palavras: *"Eu sou capaz de fazer tudo ficar bem, Eu sei como fazer tudo ficar bem, Eu desejo fazer tudo ficar bem, Eu farei tudo ficar bem; e tu constatarás, por ti mesma, que absolutamente tudo ficará bem!"*

Quando Ele disse, *"Eu sou capaz"*, compreendi que mencionava o Pai; ao falar, *"Eu sei como"*, compreendi que especificava o Filho, *"Eu desejo"*, era uma alusão ao Espírito Santo; e o *"Eu farei"* uma referência à Unidade da Santíssima Trindade – três Pessoas e uma única Verdade.

E quando Ele disse, *"Tu constatarás por ti mesma"*, percebi que designava a humanidade reunida numa só comunhão e resgatada pela Trindade Santa. O desejo de Deus é que nos refugiemos entre as paredes destas Suas cinco afirmativas e que, ali enclausurados, encontremos repouso e paz. E tão logo o tenhamos feito, a Sede Espiritual de Cristo será aplacada, porque a Sua Sede Espiritual é o anseio por um amor infinito compartilhado com cada um de nós, um amor que irá perdurar para sempre.

Dentre todos nós, que seremos resgatados, alguns vivem este momento presente da História, e outros ainda hão de viver o seu, porém cada um de nós constitui a alegria e o júbilo de Cristo. Logo, a Sua sede é um anseio amoroso de nos absorver completamente em Si mesmo, porque esta é a Sua felicidade. Não nos será dado conhecer agora a plenitude de estar inteiramente imersos em Cristo, mas é como será na eternidade.

Sabemos, pela nossa Fé, e também por intermédio do que nos é apresentado em todas as Revelações, que Cristo Jesus é Deus e homem. A Trindade é a felicidade suprema, sem começo e sem fim, uma alegria que não pode ser aumentada ou diminuída, visto ser constante e imutável. Isto está claramente manifesto em todas as Revelações, em particular na Décima Segunda Visão, quando Deus diz, *"Eu sou o Altíssimo"*.

Em relação à humanidade de Cristo cremos, por intermédio da nossa Fé e do que as Visões nos revelam, que Ele, sustentado pela força da Trindade e por amor, sofreu os tormentos da Paixão e Morte, a fim de nos conduzir à Sua felicidade.

Este foi o propósito da humanidade de Cristo, no qual Ele se regozija e que está explícito na Nona Revelação, por meio de Suas palavras, *"É Minha alegria, Minha felicidade e um deleite infinito que Eu tenha sofrido a Paixão por ti"*.

Este é o apogeu da Sua *obra* e o que Ele deseja que entendamos ao proclamar, naquela Revelação, que somos a Sua alegria, Sua recompensa, Sua honra e coroa.

Como *Cabeça* do Corpo Místico, Cristo está glorificado e além do alcance do sofrimento. Todavia, quanto ao Seu *Corpo*, do qual somos todos nós os membros entrelaçados, Ele ainda não está plenamente glorificado, nem totalmente além do alcance da dor, porque o mesmo anseio e sede que O consumiram na Cruz – e que O afligiram desde antes do início dos tempos – permanecem e permanecerão até que a última alma que tenha sido resgatada compartilhe da Sua felicidade.

Tal como a compaixão e a misericórdia são, verdadeiramente, atributos de Deus, também a sede e o anseio descrevem a Essência Divina.

Por causa da intensidade deste anseio de Cristo, *nós* somos atraídos para Ele, porque sem esta ânsia nenhuma alma chega ao Céu. A sede e o anseio procedem da infinita bondade de Deus, assim como a compaixão e a misericórdia brotam da Sua generosidade. E embora, na minha perspectiva, anseio e compaixão sejam características diferentes, ambas se fundem num único ponto: o anseio Divino, que subsistirá enquanto persistirem em nós um vazio e uma carência que nos arrastam para a Sua alegria.

Tudo isto me foi possível vislumbrar na Sua compaixão, pois esta há de perdurar até o fim dos tempos.

Deus nutre por nós piedade e compaixão, e o desejo de nos ter para Si. Porém, na Sua sabedoria e amor, Ele sabe qual é o momento certo de nos conduzir à plenitude da Sua felicidade.

CAPÍTULO XXXII

"Certos atos nos parecem tão perversos, tão danosos e perniciosos, que seria impossível resultar deles algum bem."

"E é por meio deste Grande Feito que Deus fará tudo ficar bem."

Num determinado momento, disse nosso bom Senhor: *"Tudo ficará bem"*. E em seguida: *"Tu constatarás por ti mesma que ABSOLUTAMENTE tudo ficará bem"*. Todavia estas afirmativas ecoaram na minha alma com diferentes acepções.

Em primeiro lugar, Cristo almeja nos fazer entender que Ele não está atento apenas às coisas grandiosas e elevadas, mas igualmente observante àquelas pequeninas e insignificantes, simples e triviais. Este é o significado de Sua asserção: *"ABSOLUTAMENTE TUDO ficará bem"*, pois é Sua vontade que percebamos que nem aquilo que consideramos mais irrelevante será esquecido.

Suas palavras também me permitiram uma outra interpretação: da nossa perspectiva, certos atos nos parecem tão perversos, tão danosos e perniciosos, que seria impossível resultar deles algum bem. Nós nos debruçamos sobre os acontecimentos do mundo com tamanha tristeza e pesar que nossa visão torna-se turva e nos sentimos incapazes de nos entregar, como deveríamos, à feliz contemplação de Deus. E assim é porque pensamos com a razão humana, agora tão limitada, cega e elementar que não conseguimos assimilar a sublime e surpreendente Sabedoria, o Poder e a Bondade da Santíssima Trindade.

Quando Cristo disse: *"TU CONSTATARÁS POR TI MESMA que absolutamente tudo ficará bem"*, era como se me urgisse: *"Olhe agora com os olhos da fé e da confiança, porque chegará o dia em que Tu verás verdadeiramente – e neste dia a tua alegria será completa".*

Então aquelas cinco afirmações anteriores, *"Eu sou capaz de fazer tudo ficar bem"*, etc., me permitiram entender a força e o consolo que descobriremos em toda a obra que o Nosso Senhor Deus ainda há de empreender. Acredito que no Último Dia a Trindade Santa irá realizar um Feito, porém o que é este Feito e como será concretizado, nenhuma criatura, exceto Cristo, sabe e jamais saberá, até que seja um fato consumado.

A Bondade e o Amor de nosso Redentor nos querem cientes de que tal Feito se realizará, mas a Sabedoria e o Poder divinos ocultam de nós o que ocorrerá, e como ocorrerá. Deus almeja nos fazer perceber que algo irá acontecer para que haja mais serenidade em nossa alma e para que o nosso amor se fortaleça na paz. Então poderemos deixar de nos afligir com as coisas que nos preocupam e nos impedem de, verdadeiramente, exultarmos Nele. Concebido pela Trindade desde antes do início dos tempos, e sem que ninguém mais tomasse conhecimento, este Grande Feito está guardado e oculto no Sagrado Coração de Jesus. E é por meio dele que Deus fará tudo ficar bem.

Porque assim como a Trindade bendita criou tudo o que existe do nada, esta mesma Trindade bendita fará com que fique bem tudo o que não está bem.

Esta Visão despertou em mim o mais profundo assombro. Arrebatada, refleti: *"Nossa Fé está fundamentada sobre a Palavra de Deus e crer que esta Palavra será guardada em todas as coisas é um dos elementos da nossa Fé. Também é parte da nossa crença o conceito de que muitas criaturas não alcançarão a salvação: os anjos caídos em decorrência de seu orgulho e que se converteram em demônios; aqueles pagãos, que morreram à margem do que ensi-*

na a Fé da Santa Igreja e os que, a despeito de haverem conhecido o cristianismo, o rejeitaram e viveram uma vida anticristã e assim morreram sem amor".

A Igreja nos diz que todos estes estarão condenados. Então como é possível que tudo vá ficar bem, como Jesus me havia revelado? Uma única resposta Nosso Senhor me ofereceu nesta Visão: *"O que é impossível para ti não é impossível para Mim. Em todas as coisas Minha Palavra será guardada e farei absolutamente tudo ficar bem".*

Assim, pela graça de Deus, compreendi que deveria me conservar inabalável na Fé sedimentada sobre os ensinamentos da Santa Igreja, e também acreditar firmemente que, no fim, absolutamente tudo ficará bem, conforme o Nosso Senhor me mostrara.

Este é o Grande Feito que o nosso Redentor realizará; neste Feito Sua Divina Palavra será guardada em tudo e Ele fará com que absolutamente tudo fique bem.

Todavia, o que será este Feito, ou como se concretizará, ninguém sabe ou jamais saberá, até que este se consume. Tal é o entendimento que o Nosso Senhor me inspirou.

CAPÍTULO XXXIII

"A vontade de Nosso Senhor é que tenhamos um profundo respeito por toda a Sua obra e, ainda mais, que abandonemos o ímpeto de querer saber o que será o Grande Feito."

Ainda nesta Revelação almejei, tanto quanto me atrevi, ter uma visão ampla do Inferno e do Purgatório, embora não fosse minha intenção desafiar qualquer coisa que integre a Fé, porque acredito, sinceramente, no que ensina a Santa Igreja sobre ambas realidades. Entretanto, também sentia que se pudesse entender todos os aspectos da minha Fé com mais clareza, minha vida se tornaria um louvor maior a Deus e uma benesse maior para mim. Porém, a despeito deste meu desejo, não me foi mostrado absolutamente nada nesta Revelação, exceto o que eu observara na Quinta Visão, quando Deus acusou e lançou o demônio à condenação eterna.

Compreendi então, à luz desta Revelação, que todas as criaturas, cujo comportamento se assemelha ao do demônio nesta vida, a ponto de se converterem em tal – quer tenham sido batizadas ou não –, se extinguem perante Deus e os santos.

Esta foi a conclusão a qual cheguei, pois as Revelações a mim feitas enfatizavam apenas a bondade, com quase nenhuma menção ao mal. Tampouco pude crer que qualquer uma dessas Visões pretendesse me levar a rejeitar os ensinamentos da Santa Igreja.

Eu havia testemunhado a Paixão em várias Visões – na Segunda, Quinta e Oitava – e partilhado da dor de nossa Senhora e dos amigos verdadeiros do Cristo, que O acompanharam em Sua agonia. Mas no desdobrar dessas Revelações, nada me foi especialmente relatado sobre os judeus que condenaram Jesus à morte. Minha Fé professa que estes foram condenados e amaldiçoados por toda a eternidade, a menos que, movidos pela graça, tenham se voltado para Deus.

Creio firmemente em cada uma das particularidades que a Fé preconiza desde os seus primórdios e no que ensina a Santa Igreja. E espero – pela misericórdia e graça divinas – e anseio e oro para que eu sempre me conserve e me guarde na Fé, até o fim dos meus dias.

Assim é como entendo a vontade de Deus: que tenhamos um profundo respeito por toda a Sua obra e, ainda mais, que abandonemos o ímpeto de querer saber o que será o Grande Feito. Que o nosso desejo seja viver como irmãos e irmãs, a exemplo dos santos no Céu, porque estes não aspiram nada além de cumprir a vontade divina e se regozijam tanto com o que Deus lhes revela quanto com o que lhes oculta.

Portanto, no meu entendimento, a verdadeira essência do que Nosso Senhor nos ensina nesta Visão é esta: quanto mais nos preocupamos em desvendar os segredos sagrados, os mistérios divinos, mais distante ficamos de os vivenciarmos.

CAPÍTULO XXXIV

"Tudo aquilo que nos é propício saber e conhecer, nosso bom Senhor, na plenitude da Sua misericórdia, irá nos revelar."

Nosso Senhor Deus me mostrou dois tipos de segredos. O primeiro é o Grande Segredo, com todos os seus detalhes particulares, e que se conserva oculto até o momento em que Ele decida desvendá-lo claramente a nós. Mas há outros segredos que o Redentor quis nos desvelar para que possamos compreendê-los. Estes são segredos não porque Nosso Senhor os manteve escondidos de nós, e sim por causa da nossa cegueira e ignorância. Por compadecer-Se destas nossas fraquezas, Deus deseja nos expor tais segredos mais abertamente para que, assim, possamos conhecê-Lo, amá-Lo e ser fiéis a Ele.

Tudo aquilo que nos é propício saber e conhecer, nosso bom Senhor, na plenitude da Sua misericórdia, irá nos revelar através do que prega e ensina a Santa Igreja.

Deus Se regozija nos homens e mulheres que, vigorosa, humilde e prontamente acolhem os ensinamentos da Santa Igreja, porque Ele *é* a Santa Igreja.

Deus é o Fundamento e a Essência, o Ensinamento e o Mestre, o Fim e a Recompensa para cada uma das almas amorosas que nesta vida labutam.

E *isto* é sabido por todos a quem o Espírito Santo o proclama. Espero, sinceramente, que aqueles que buscam tal conhecimento o encontrem, porque, na verdade, estão em busca de Deus.

Tudo o que tenho descrito até agora, e o que ainda relatarei, mitiga os nossos temores em relação ao pecado. Porque na Terceira Visão, quando pude testemunhar que Deus concebe e origina tudo o que é feito, não vi nenhum pecado e sim que tudo *está* bem. E mesmo quando Deus me mostrou o pecado, ouvi claramente Sua mensagem: *"TUDO ficará bem"*.

CAPÍTULO XXXV

"Desejei saber, com certeza, se alguém a quem eu amava continuaria – pela graça divina – a desfrutar de uma vida boa."

" Tu mais reverencias a Deus quando O percebes em todas as coisas do que em algo em particular."

Depois de nosso Deus Onipotente me haver mostrado, tão completa e prazerosamente, a Sua Bondade, desejei saber, com certeza, se certa pessoa, a quem eu amava, continuaria – pela graça divina – a desfrutar de uma vida boa. Porém, ansiar por uma Visão *específica* pareceu me entravar, porque não vi nada. Era como se escutasse uma voz amigável me instando: *"Olha para o TODO e percebe a generosidade de Nosso Senhor tal como é revelada a ti; porque tu reverencias mais a Deus quando O vês em todas as coisas do que somente em algo em particular".*

Aprendi, então, que não devemos nos apegar a nenhum aspecto determinado da Criação, pois mais glorificamos a Deus quando nos deliciamos com tudo o que existe.

E se eu tivesse a sensatez de seguir este ensinamento, não apenas ficaria feliz com tudo e com nada em especial, como também não me angustiaria por qualquer coisinha, porque *absolutamente TUDO ficará bem*.

A plenitude da alegria é vislumbrar Deus em todas as coisas.

O mesmo Poder, a mesma Sabedoria e Amor sagrados que criaram o mundo, continuam a operar dentro da Criação, conduzindo tudo e cada coisa para a união com a Trindade Santa. E, quando chegar o momento, seremos capazes de enxergar esta realidade com clareza.

O fundamento desta Verdade me foi revelado na Primeira Visão e ainda mais amplamente na Terceira, quando *vi Deus numa Partícula Minúscula*.

Cada ação de Nosso Senhor é reta; e Sua tolerância com tudo o que existe é honrosa. Estas duas afirmações abrangem o bem e o mal, porque tudo o que é bom vem de Deus e o que é mal Ele tolera. Não estou dizendo que o mal é honroso, mas sim que a *tolerância* divina é digna de honra. A imensurável bondade de Deus estará perpetuamente manifesta em Sua extraordinária humildade e mansidão, através das ações de misericórdia e da graça.

Retidão é aquilo que é tão bom que não pode se tornar melhor do que é. Deus é a essência da Retidão e toda Sua obra é realizada com justiça e ordenada, desde antes do início dos tempos, por Sua Sabedoria, Bondade e Poder supremos.

E tal como Nosso Senhor designa o que é melhor para cada aspecto da Criação, Ele age incessantemente, conduzindo todas as coisas para este fim e o Seu contentamento Consigo mesmo e com Sua obra é perene.

Quão doce é a contemplação desta harmonia bendita pela alma tocada pela graça!

As almas que serão resgatadas no Céu por todo o sempre são criadas íntegras aos olhos de Deus e, pela benevolência e retidão divinas, somos eterna e maravilhosamente protegidos, muito mais do que quaisquer outras criaturas.

A *misericórdia* é uma ação originada da bondade de Deus e a misericórdia jamais deixará de operar enquanto for permitido ao pecado perseguir as almas justas. E quando o pecado não mais tiver permissão de nos assediar, toda a ação de misericórdia cessará. Tudo então será levado à retidão e à completude, e assim permanecerá até o fim dos tempos.

Em razão da Sua tolerância, Deus consente nossas quedas, porém pela Força e Sabedoria do Amor divino, somos guardados em segurança – e, pela misericórdia e graça do Redentor, reerguidos para experimentar muitas outras alegrias.

Desta maneira, através da Sua Retidão e Misericórdia, Deus deseja ser conhecido e amado agora e por todo o sempre. E a alma que sabiamente percebe a Divina Presença em sua vida, é inundada – pela ação da graça – de um júbilo sem fim.

CAPÍTULO XXXVI

"Meu pecado não impedirá a ação da Sua Bondade... Um Feito será realizado – quando chegarmos ao Céu – sendo possível testemunhá-lo parcialmente agora; – e a despeito de ser destinado à humanidade em geral, ninguém em

particular é excluído. Porque o que o nosso bom Senhor deseja realizar por meio de Suas pobres criaturas, ainda é desconhecido para mim."

Nosso Senhor Deus me mostrou que um Feito se cumprirá e Ele mesmo há de realizá-lo. Mostrou-me também que eu não farei nada exceto pecar, mas que o meu pecado não impedirá a Ação da Sua Bondade.

E esta é a alegria mais sublime que uma alma é capaz de assimilar: o próprio Deus há de realizar um Feito, eu não farei nada exceto pecar, e o meu pecado não impedirá a Ação da Sua Misericórdia.

Assim, a contemplação desta verdade é um prazer celestial para aqueles que, cheios de uma expectativa reverente, anseiam entrever a vontade divina.

Tal Feito começa a se desdobrar já e tanto honra a Deus quanto é abundante em dádivas para aqueles que amam o Redentor nesta vida. Quando chegarmos ao Céu, tomados de um contentamento radiante, veremos que essa Ação divina continuará até o Último Dia. E a glória e o júbilo que dela derivam perdurarão para sempre no Paraíso, na presença da Trindade e de Todos os Santos.

Percebi e interpretei a natureza desse Feito de acordo com a intenção de Nosso Senhor, e a razão pela qual tudo isto me foi exposto é para que possamos exultar Nele e em toda a Sua obra.

Quando notei que esta Visão persistia, entendi que o que me havia sido descortinado era uma antecipação do grande evento ainda por vir – a ser concretizado pelo próprio Deus –, e cujas características enumerei acima. Nosso Senhor me fez esta Revelação transbordante de felicidade, desejando que eu aceitasse o que Ele me dera a entender com fé e confiança, mesmo que o teor de Seu Feito permanecesse um segredo para mim.

Então compreendi que Deus não quer que tenhamos medo de conhecer o que Ele nos revela, pois é Seu desejo que, através desse conhecimento, possamos amá-Lo, nos deleitar e exultar Nele eternamente.

Por causa de Seu imenso amor por nós, Deus nos desvenda tudo o que precisamos saber no momento presente, tudo o que nos aprimora e contribuiu para o nosso crescimento. E até das coisas que nos são ocultas, Ele, na Sua bondade infinita, nos oferece vislumbres, a fim de que compreendamos e acreditemos que dia virá em que as veremos verdadeiramente, na Sua glória sem fim.

Portanto devemos nos rejubilar tanto com o que o Senhor nos manifesta *quanto com o que* nos oculta. E se nós, com determinação e humildade, agirmos desta maneira, encontraremos imensurável conforto e graça aos olhos de Deus.

Este grande Feito será consumado para mim; em outras palavras, para toda a humanidade. Será honroso, magnífico e abundante, realizado pela mão de Deus e testemunhá-lo será a mais excelsa alegria que jamais existirá. A humanidade, pelo pecado, se separa de Deus, porém isto não terá consequência alguma, uma vez que o Feito tenha sido concretizado.

Era como se o Nosso Senhor Deus dissesse: *"Olhes e atentes! Aqui tu tens motivo para a humildade; aqui tu tens motivo para o amor; aqui tu tens motivo para conheceres a ti mesmo; aqui tu tens motivo para te regozijares em Mim. Por causa do Meu amor, tu te deleitas em Mim, e, dentre todas as coisas, isto é o que mais Me apraz".*

E sempre que nesta vida, agindo como tolos, nós damos ouvido ao Inimigo, Nosso Senhor Deus nos toca ternamente e nos chama para Si, murmurando palavras benditas em nossa alma: *"Deixa o Meu amor inundar-te, meu filho precioso e amado. Volta-te para Mim, pois Eu te basto. Exulta em teu Salvador e na tua salvação".*

Esta é a ação de Deus em nós e estou convicta de que a alma que é tocada pela graça a entrevê e saboreia.

A despeito de este Feito ser destinado à humanidade como um todo, cada indivíduo em particular está incluído. Porém, o que exatamente o nosso bom Senhor deseja realizar através de Suas pobres criaturas ainda é incompreensível para mim.

São dois Feitos distintos: um deles pode ser parcialmente percebido agora, nesta vida, àqueles a quem o Redentor o dá a conhecer. Enquanto o outro, o Grande Feito, não será conhecido nem no Céu nem na Terra, até que seja consumado.

Além disso, o bom Senhor me concedeu um novo entendimento e ensinamento a respeito dos milagres: *"É sabido que Eu realizei milagres antes, muitos e diversos, sublimes e assombrosos, honrosos e notáveis. E assim como os realizei no passado, continuo a realizá-los continuamente e o farei pelo tempo que há de vir".*

Tristezas, angústia e tribulações nos assaltam antes dos milagres, para que possamos reconhecer a nossa própria fraqueza e o nosso infortúnio decorrente do pecado, para que possamos, humildes e movidos por um temor reverente, clamar pelo auxílio e pela graça de Deus. Este é o momento em que os milagres acontecem. Procedentes da Sabedoria, Misericórdia e do Poder divinos, os milagres revelam a força de Deus e as alegrias do Paraíso tanto quanto nos é possível assimilar nesta vida passageira, a fim de que sejam fortalecidos nossa fé, esperança e amor. Esta é a razão de agradarmos a Deus quando O conhecemos e o honramos através de Seus milagres. E esta é a razão pela qual não devemos desmoronar quando as tristezas e tempestades da vida nos açoitam, porque são estas, exatamente, as condições que antecedem um milagre.

CAPÍTULO XXXVII

"Em cada alma que Deus salva há uma Vontade Divina que nunca consente pecar, nem jamais consentirá."

"E a nossa incapacidade de amar é a causa de todas as nossas dificuldades e sofrimentos".

DEUS me fez lembrar que, inevitavelmente, eu iria incorrer no erro. E tão absorvida estava no prazer da Sua contemplação, que pouca atenção prestei a esta Revelação. Porém Nosso Senhor, cheio de misericórdia, aguardou, paciente, e me concedeu a graça de vir a escutá-Lo. Esta Visão pareceu direcionada especificamente a mim, como indivíduo, mas o consolo compassivo dela proveniente – conforme você verá e de acordo com o que me foi instruído – eu deveria partilhá-lo –, na sua totalidade e particularidades, com os meus irmãos, seguidores de Cristo. Embora o Redentor me mostrasse que *eu* iria pecar, este *eu* significava, na realidade, cada um de nós.

Senti-me, então, dominada por uma vaga sensação de temor, ao que Nosso Senhor respondeu: *"Eu te guardo na mais completa segurança".*

Estas palavras foram ditas com tanto amor e confiança, e irradiavam tamanha proteção espiritual, que não sei como, ou sou capaz de expressá-lo. Porque mesmo que eu venha a pecar, não há de faltar consolo, segurança e proteção espiritual a nenhum de nós, seguidores de Cristo.

O que pode me fazer amar mais os meus semelhantes do que perceber que Deus nos ama como se fôssemos uma só alma?

Porque em cada alma que Deus salva há uma Vontade Divina que nunca consente pecar, nem jamais consentirá. Assim como existe, no recôndito mais sombrio do nosso ser, um ímpeto feral de praticar o mal, também perdura, no que há de mais elevado em nós, a Vontade Divina, cujo desejo é apenas e somente o bem.

Esta é a razão de Deus nos amar e o porquê de fazermos continuamente aquilo que O apraz.

Isto me mostrou o Nosso Senhor, a completude do amor no qual, na Sua perspectiva, estamos imersos. Somos amados agora, nesta vida, tanto quanto seremos no Paraíso, quando contemplarmos a Sua sagrada Face. E a nossa incapacidade de amar é o que causa todas as nossas dificuldades e sofrimentos.

CAPÍTULO XXXVIII

"No Céu 'a marca do pecado será transformada em honra'

Eis os exemplos."

Deus me mostrou que o pecado não deverá ser razão de vergonha para o ser humano, mas de honra. Porque assim como todas as vezes que pecamos experimentamos o sofrimento, também nos é concedido experimentar, todas as vezes, a felicidade da reconciliação no amor. E se cada erro provoca uma dor ímpar nesta vida – de acordo com a sua gravidade –, também a alegria curativa no Céu será proporcional ao sofrimento vivido na Terra.

Porque cada alma que chega ao Céu é tão preciosa para Deus – e o Paraíso tão pleno de glória – que a bondade divina não permite ninguém ali entrar, a menos que suas faltas sejam reconhecidas e lavadas e ao pecador, remido, seja restituída sua dignidade pela Santa Igreja na Terra e no Paraíso, por toda a eternidade. Restaurado, o pecador será abençoado com louvores sem fim.

No decorrer desta Visão, meu entendimento foi alçado ao Céu e Deus me fez sorrir quando a imagem de Davi me veio à mente, seguida de vários personagens do Antigo e do Novo Testamentos: Maria Madalena, Pedro, Paulo, Tomé, Judas Tadeu, São João de Beverly e muitos outros e tantos, que não me é possível enumerá-los. Nós conhecemos suas histórias, sabemos que pecaram na vida terrena e sabemos que a Igreja os celebra. Entretanto suas faltas não são motivo de vergonha para estes santos, porque os seus pecados foram transmutados em honra.

Nosso Senhor me esclareceu que tudo o que eu percebo nesta vida são vislumbres do que será revelado em plenitude na vida que há de vir, quando a marca do pecado será transformada em dignidade, honra.

Quanto a São João de Beverly, nosso amável Redentor o mostrou a mim em detalhes, a fim de que eu encontrasse consolo neste santo que me é tão familiar e cuja vida é tão similar à minha própria. Ouvi Deus chamá-lo "São João de Beverly", exatamente como nós o chamamos, e a expressão do Rosto Divino era tão doce e feliz, que ficou claro o quanto este santo é exaltado e bendito no Céu.

Então Nosso Senhor me levou a refletir sobre como São João, ainda muito jovem, já era um servo precioso de Deus, alguém que amava e reverenciava profundamente a Trindade. E, no entanto, Deus permitiu que aquele Seu servo querido caísse, mas, na Sua misericórdia, protegeu-o, a fim de que ele não fosse destruído, ou se perdesse na sua jornada espiritual.

Porém, depois de sua queda, João foi reerguido por Deus e cumulado de uma profusão de graças. Deus concedeu a João, em virtude de sua contrição e humildade nesta vida, uma miríade de alegrias no Céu, alegrias que João jamais haveria experimentado se não houvesse caído. O Redentor nos mostra o quanto isto é verdadeiro por meio de seus muitos milagres na Terra.

E tudo isto nos foi revelado para que possamos rir de puro amor e contentamento.

CAPÍTULO XXXIX

"O pecado é o flagelo mais afiado... Por nossas dores somos purificados, pela compaixão somos restaurados e o anseio verdadeiro por Deus nos dignifica."

O pecado é o flagelo mais afiado que pode açoitar uma alma; é como uma faca que raspa a nossa pele, um chicote que nos golpeia a ponto de nos tornarmos odiosos aos nossos próprios olhos, a ponto de nos considerarmos tão indignos que de nada servimos, exceto para submergir no Inferno. E lá permanecemos mergulhados até que, tocados pelo Espírito Santo, nossa contrição transforma a amargura em esperança pela misericórdia de Deus.

Nossas feridas começam a ser curadas e a alma, direcionada para a vida da Santa Igreja, se renova. O Espírito Santo nos leva a confessar nossos erros, de boa vontade, com simplicidade e sinceridade, movidos pela tristeza e vergonha de havermos maculado a bela imagem de Deus à semelhança de quem fomos criados.

Então recebemos de nosso confessor a penitência por nossas faltas de acordo com os ensinamentos da Santa

Igreja, os quais são inspirados pelo Espírito Santo. Este nosso ato de humildade muito agrada a Deus, assim como aceitar uma doença física enviada por Ele e quaisquer outros sofrimentos, humilhações, censuras, desprezos, aflições ou tentações que possamos experimentar, sejam físicos ou espirituais.

Com uma ternura imensa, Nosso Senhor nos protege e nos guarda, mesmo quando nos parece que havíamos sido quase esquecidos e abandonados por causa de nossas culpas e por não nos julgarmos merecedores da misericórdia divina. Porém nossas tribulações nos fazem humildes e isto nos eleva aos olhos do Redentor, por mérito de Sua graça. Quando atingimos este ponto – quando nossas feridas nos fazem ter compaixão por nossos semelhantes e despertam em nós um anseio verdadeiro por Deus – somos repentinamente libertos do pecado e do sofrimento e alçados à felicidade experimentada pelos santos no Céu.

Por nossas dores somos purificados, pela compaixão somos restaurados e o anseio verdadeiro por Deus nos dignifica.

No meu entendimento, estes são os três passos que conduzem as almas ao Paraíso – isto é, todos aqueles que haviam sido pecadores da Terra. E é pela ação destes três bálsamos que cada alma é curada.

E ainda que a alma esteja curada, nossas feridas permanecem visíveis aos olhos de Deus – não como chagas, mas como marcas dignas. E da mesma forma como padecemos nesta vida de angústias e pesares, seremos recompensados no Céu pelo amor generoso de Nosso Senhor Altíssimo, que nos honra e não deseja que nenhuma partícula do esforço dos que chegam ao Paraíso seja desperdiçada. Deus considera o pecado sofrimento e dor de Seus amados e, em virtude de Seu amor, Ele não nos atribui culpa.

A recompensa que receberemos não será pequenina, e sim sublime, gloriosa e reverente. E toda a nossa vergonha será convertida em honra e alegria sem fim.

Nosso amável Senhor não deseja que Seus servos se desesperem, a despeito de quantas vezes, ou sombriamente, possamos cair, porque nossas quedas não O impedem de nos amar. O Seu amor e a Sua paz estão sempre conosco e sempre em ação, entretanto nem sempre experimentamos a paz e o amor. Todavia, Deus quer que prestemos atenção e tenhamos em mente que Ele é o Fundamento de toda a nossa vida no amor e mais, que Ele é o nosso Protetor eterno, Aquele que nos defende, com a força de Seu braço, de todos os nossos inimigos, não importando quão terrível ou ferozmente estes invistam contra nós. E quanto mais profunda a nossa necessidade, quando maior a nossa queda, maior e mais profunda é a graça de Deus.

CAPÍTULO XL

"O verdadeiro Amor nos ensina que, por amor, devemos odiar o pecado."

"A mim me foi mostrado que não existe inferno mais sombrio do que o pecado."

"Deus deseja que odiemos o pecado eternamente e eternamente amemos a alma, assim como Deus a ama."

Assim é a sublime amizade de nosso belo e gentil Senhor: somos guardados e protegidos, segura e ternamente, mesmo enquanto imersos no pecado. E mais, Cristo nos toca no âmago do nosso ser e, à doce luz da Sua misericórdia e da Sua graça, nos aponta o nosso erro. Contudo, quando enxergamos a sordidez da nossa alma, imaginamos que Deus está zangado conosco por causa das nossas faltas. Guiados pelo Espírito Santo, somos levados à contrição pela oração e ao desejo de nos emendar a fim de aplacar a suposta ira divina, encontrar repouso para a nossa alma e estar em paz com a nossa consciência. Então esperamos que Deus tenha nos perdoado. E Ele perdoa!

Nosso bondoso Senhor revela a Sua Divina Presença para a alma, uma Presença risonha e feliz, que nos acolhe afetuosamente, como se houvéssemos acabado de chegar em casa depois de cumprir uma longa e dolorosa sentença na prisão. Com suavidade na voz, Ele nos diz: *"Minha amada, estou tão feliz que tu tenhas, afinal, voltado para casa, voltado para Mim! Em todas as tuas tristezas e tribulações, Eu sempre estive contigo, mas agora, enfim, tu vês o Meu amor e estamos unidos na plenitude da alegria".*

Desta maneira os pecados são perdoados pela misericórdia e graça divinas e a nossa alma recebida dignamente na mais completa felicidade, como acontecerá quando chegarmos ao Céu. Essa misericórdia e graça nos serão concedidas vezes sem conta, por meio da ação do Espírito Santo e em razão da Paixão de Cristo.

Neste ponto compreendi, com clareza, que todas as coisas são preparadas para nós pela imensa bondade de Deus e com tamanha grandeza, que a qualquer momento em que estivermos mergulhados na paz e no amor, estaremos, também, verdadeiramente seguros. Todavia, porque não somos capazes de perceber e assimilar tal plenitude nesta vida, precisamos viver num estado constante de oração e num anseio amoroso por Nosso Senhor Jesus, pois Ele sempre almeja nos atrair para a Sua alegria – como descrevi anteriormente, ao relatar a sede espiritual de Cristo.

Mas se alguém tolamente pensar que, pelo fato de nos ser oferecido esse conforto espiritual nós devemos ir em frente e errar – ou então que somos menos culpados –, cuidado! Isto não é verdade; esses pensamentos são fomentados pelo inimigo do verdadeiro Amor, que nos ensina a odiar o pecado. Estou certa, a partir da minha própria experiência, que quanto mais a alma se encontra no seu estado natural de perfeita união no amor generoso de Nosso Senhor Deus, maior será a sua aversão ao erro e maior a sua vergonha se vier a pecar.

Se fossem colocados diante de nós toda a dor do Inferno, do Purgatório e da Terra – a agonia da morte e todos os outros males – lado a lado com o pecado, nós escolheríamos toda aquela dor ao invés do pecado. Porque o pecado é tão vil e tão odioso que não pode ser comparado a nenhuma outra tribulação.

A mim me foi mostrado que não existe inferno mais sombrio do que o pecado. Para a alma em seu estado natural de união com Deus não existe dor, exceto o pecado; e tudo o que existe é bom, exceto o pecado; e nada é mal, exceto o pecado.

E quando direcionamos nossa atenção para o amor e a humildade, nos tornamos belos e puros em virtude da misericórdia e da graça. Deus é tão desejoso de resgatar e proteger o ser humano quanto é poderoso e sábio nesta Sua ação.

Cristo é o Fundamento de todas as leis humanas, Ele nos ensinou a responder ao mal com o bem; Ele é o próprio amor e trata a cada um de nós como aspira que nos tratemos uns aos outros. Cristo anseia que sejamos como Ele, que estejamos imersos no fluxo de um amor sem fim que nos envolve e a todos os Seus seguidores. Assim como o Seu amor por nós permanece inabalável mesmo quando pecamos, Cristo quer que o nosso amor por nós mesmos, e por nossos irmãos, também continue inalterado. Ele quer que odiemos o pecado corajosamente e amemos eternamente a alma, como Deus a ama. Então odiaremos o pecado, assim como Deus o odeia e amaremos a alma como Deus a ama. E acharemos conforto infinito nestas palavras de Nosso Senhor: *"Eu te guardarei na mais perfeita segurança"*.

DÉCIMA QUARTA REVELAÇÃO

CAPÍTULO XLI

"Eu sou o Fundamento da tua súplica."

Nosso Senhor me concedeu uma visão concernente à Oração e permitiu-me compreender, através de Seus ensinamentos, os dois elementos da Prece: fidedignidade e sólida confiança.

E, no entanto, com que frequência nossa confiança não é absoluta! Não temos certeza de que Deus nos ouve porque não nos acreditamos merecedores e porque nos sentimos tão áridos e vazios depois de rezar quanto nos sentíamos antes. Tais sentimentos tolos são a razão de nossa fraqueza. Eu o sei por experiência própria.

Esses pensamentos o Senhor me trouxe à mente ao afirmar: *"Eu sou o Fundamento da tua súplica. É Minha vontade que tu tenhas algo, então te levo a desejá-lo e te inspiro a rezar para que o obtenhas. Portanto, se Tu oras pedindo uma graça, por que Eu não te concederia aquilo pelo qual Eu mesmo te fiz ansiar?"*

E assim, com estas palavras, nosso bom Senhor nos encoraja e nos oferece um imenso conforto. Quando a Voz Divina, em Sua mensagem, nos diz, *"Se tu oras pedindo a Mim uma graça"*, nos é evidenciado o deleite e a recompensa infinita que o Senhor nos dará em virtude da nossa súplica. E quando Ele nos questiona: *"Por que Eu não te concederia aquilo pelo qual Eu mesmo te fiz ansiar?"*, percebemos que é impossível rezar por misericórdia e graça e não recebê-las. Porque tudo aquilo que Deus nos inspira a pedir, Ele mesmo já o destinou a nós desde antes do início dos tempos.

Isto nos mostra que não são as nossas súplicas a causa da misericórdia e da graça com que Deus nos cumula, pois misericórdia e graça são as próprias características de Deus.

É isto que o nosso bom Senhor nos revela com as Suas doces palavras: *"Eu sou o Fundamento da tua súplica"*. E Ele quer que todos nós, os Seus amados, compreendamos esta Sua revelação, pois quanto mais assimilamos esta verdade, mais iremos orar, porque esta é a intenção do Redentor.

Rezar é uma particularidade genuína, compassiva e duradoura da alma, uma parte de quem somos como seres humanos, um atributo que nos une ao Nosso Senhor através da ação suave e oculta do Espírito Santo.

No meu entendimento, Cristo recebe cada uma de nossas orações com benevolência e júbilo. Então Ele as eleva ao Céu e as guarda como um Tesouro, que jamais irá perecer.

Nossas preces, expressas diante de Deus e de todos os Santos, são sempre aceitas e eternamente respondidas, de modo que nossas necessidades se tornam uma fonte de felicidade para nós. Ao alcançarem o Céu, nossas orações nos serão devolvidas, nos deliciando enquanto agradecemos a Deus com louvores sem fim.

Com grande contentamento e felicidade, Deus se debruça sobre nossas preces, e as cultiva, e as usa para mudar nossas vidas, porque através da ação da Sua Divina graça, nos tornamos semelhantes a Ele como o somos em Sua imagem.

É por este motivo que o Redentor nos instrui: *"Ora intimamente, ainda que tu não sintas emoção nenhuma ao fazê-lo, ainda que tu não sintas nada. Sim! Ora, ainda que tu aches que nada poderás alcançar, porque mesmo na insensibilidade e na aridez, mesmo na fraqueza e na doença, tua prece sempre Me apraz, ainda que tu encontres pouca alegria ao rezar. E então toda a tua vida é uma oração perante meus olhos".*

Por causa da recompensa e do auxílio eterno que almeja nos oferecer, Deus nos urge orar continuamente. Ele aceita as boas intenções e os esforços de Seus servos, a despeito de como nos sintamos. Esta é a razão de agradarmos a Trindade Santa quando nos empenhamos, com todas as fibras do nosso ser, a viver uma vida de oração e de união com o Divino. Então, com a ajuda e a graça de Deus, conservamos todas as nossas habilidades, a nossa atitude mental e as nossas percepções voltadas para Deus até que alcancemos o que buscamos, até que nossa alegria seja completa, até que tenhamos Jesus. Isto Cristo me mostrou na Décima Quinta Visão, ao afirmar: *"Tu terás a Mim como recompensa".*

O agradecimento também é parte da oração, é um reconhecimento íntimo e verdadeiro. Quando, movidos pela reverência e deslumbramento amoroso, procuramos fazer, com todo fervor, aquilo que o nosso bom Senhor nos inspira, nosso coração se enche de prazer e gratidão. Às vezes é tão grande nossa gratidão, que transbordantes de júbilo exclamamos: *"Graças sejam dadas a Ti, bom Senhor! Bendito seja Teu nome!"* E às vezes, quando nos sentimos áridos e entorpecidos, ou quando o Inimigo nos tenta, nós, induzidos pela razão e pela graça, clamamos alto por Nosso Senhor, de forma que possamos ouvir, em nossas próprias palavras, o eco da Sua Paixão e de Sua infinita misericórdia. Então a força das palavras de Cristo toca a nossa alma, reaviva o nosso coração e o conduz à graça Divina a fim de que nossas orações se tornem mais sinceras e confiantes, exatamente como foram destinadas a ser.

Exultarmos em Nosso Senhor é o agradecimento mais abençoado e amoroso que podemos Lhe oferecer.

CAPÍTULO XLII

"A oração é a perfeita compreensão da plenitude da alegria que há de vir, com o seu anseio correspondente e a confiança inabalável."

Nosso Senhor Deus anseia que vivamos sob o abrigo do verdadeiro conhecimento, especialmente em três aspectos relativos à oração.

O Primeiro refere-se *por meio de quem* e *como* nossas preces se originam. *Por meio de quem*, Ele nos revela ao afirmar: *"Eu sou o Fundamento da tua súplica"*, e o *Como* é por meio da Sua bondade: *"É Minha vontade que tu tenhas algo"*.

O Segundo aspecto que o Senhor busca nos fazer entender é *de que maneira* e *como* devemos rezar. A resposta está em alinhar nossos desejos à Vontade Divina, pois é este o significado destas Suas palavras: *"Eu te levo a desejar e te inspiro a rezar"*.

O Terceiro aspecto da oração vincula-se à necessidade de entendermos a consequência das nossas preces, o seu fruto: estarmos unidos a Deus em todas as coisas.

Esta é a razão de me haver sido ensinada tão bela lição. Cristo irá nos ajudar e viveremos segundo a Sua Palavra. Bendito seja o Senhor!

O anseio divino é que as nossas orações e a nossa confiança sejam ambas igualmente grandiosas.

Porque se não confiamos tanto quanto rezamos, nossa prece é incompleta e, além de não honrarmos a Deus em plenitude, prolongam-se a nossa angústia e sofrimento. Acredito que tal aconteça porque não absorvemos, de fato, que Nosso Senhor é o Fundamento de onde brotam nossas orações, tampouco reconhecemos que as nossas preces nos são inspiradas pela graça de Seu amor. Se assimilássemos esta realidade teríamos total confiança de que Deus, na Sua infinita generosidade, iria nos dar tudo aquilo que realmente almejamos. Porque estou certa de que ninguém ora pedindo misericórdia e graça a menos que a misericórdia e a graça já lhe tenham sido concedidas.

Mas às vezes nos ocorre que temos estado rezando há muito tempo sem que nossas preces sejam atendidas. Entretanto, não podemos nos deixar abater por tais pensamentos. Por intermédio desta Revelação, Nosso Senhor nos leva a perceber que ou devemos aguardar o momento mais oportuno, ou esperar por mais bênçãos, ou por uma dádiva ainda maior. O Senhor deseja que tenhamos um conhecimento verdadeiro de quem Ele é, uma compreensão da Sua Divina Essência na qual todos os nossos pensamentos, todas as nossas intenções e o significado de nossas vidas se acham enraizados. E é sobre este Fundamento que Deus quer que encontremos o nosso lugar e construamos a nossa morada. Assim, à Sua luz generosa, iremos entender todos os aspectos da nossa existência.

O Primeiro aspecto é a nossa esplêndida e admirável Criação; o Segundo, a nossa preciosa e honrosa Redenção; o Terceiro é que Deus nos tornou responsáveis por toda a Criação e, para que dela desfrutemos e por amor a nós, Ele guarda e protege todas as coisas.

Ao me mostrar tudo isto, era como se o Senhor me dissesse: *"Olha e veja que Eu fiz tudo antes mesmo de tu teres orado. E agora tu estas aqui, orando a Mim!"* Desta forma Deus nos conduz ao entendimento de que todas as Suas grandes obras já foram realizadas, conforme os ensinamentos da Santa Igreja. E ao refletirmos sobre esta premissa, devemos rezar, agradecidos, por aquilo que está se cumprindo agora, pedindo ao Senhor que nos guie e norteie para que possamos glorificá-Lo nesta vida até chegarmos à plenitude da Sua felicidade no Céu, pois é para este fim que todas as coisas foram criadas.

Esta é a intenção de Cristo: que compreendamos que Ele tudo realiza e que oremos pedindo a Sua ação em nossa vida. Porque uma coisa sem a outra não basta. Se oramos e não obtemos nenhuma resposta, somos dominados pela tristeza e pela dúvida, e assim não O honramos. Por outro lado, se apenas contemplamos a ação Divina e não rezamos, não cumprimos a nossa parte e não é isto o que o Senhor espera de nós. Deus quer que entendamos que Ele age e quer também que oremos, pois esta é a maneira de O glorificarmos e de sermos socorridos.

Nossas preces e a consciência da ação divina estão entrelaçadas. Nosso Senhor deseja que rezemos por tudo aquilo que Ele já designou, seja o teor das nossas orações abrangente ou específico.

Na minha percepção, a alegria e o deleite que as nossas orações oferecem a Deus e a gratidão e o valor que Ele, por sua vez, nos confere, estão muito além da nossa capacidade de assimilação.

Porque a prece é a perfeita compreensão da plenitude da alegria que há de vir, aliada ao anseio verdadeiro e à confiança inabalável.

Quando fracassamos em saborear a felicidade que nos tem sido compassivamente reservada, somos tomados pelo anseio, mas, se nos amparamos no conhecimento do amor de Deus e nos doces pensamentos sobre o nosso Redentor, nos é concedida a dádiva da confiança.

E assim, em virtude da nossa índole, nós ansiamos, e, pela graça, nós confiamos. Estas nossas duas ações o Senhor as observa sem cessar, pois cabe a nós realizá-las e Ele, em sinal de Sua generosidade, não iria nos destinar nada menos do que isto.

Portanto, de nossa parte, devemos ter o cuidado de sempre escolher a oração como um modo de viver. Ainda que nos sintamos como se não houvéssemos feito nada, na realidade fizemos sim – quer o percebamos ou não. E se fizermos o que estiver ao nosso alcance e pedirmos, com humildade, por misericórdia e graça, em Deus encontraremos tudo o que nos falta. Foi isto o que Cristo quis nos revelar ao dizer: *"Eu Sou o Fundamento da tua súplica"*. Com estas palavras abençoadas e com esta Visão, compreendi que nós podemos ter uma vitória completa sobre a nossa fraqueza, as nossas dúvidas e o nosso medo.

CAPÍTULO XLIII

"A oração une nossa alma a Deus."

A oração une a alma a Deus. Nossas almas, restauradas pela graça, são semelhantes a Deus em essência e substância. Porém, com frequência, esta similaridade se esvanece por causa do pecado. Então é a oração o testemunho de que a alma aspira o que Deus aspira, o que conforta a nossa consciência e nos inclina a nos abrirmos para a graça divina.

E assim Deus nos ensina a orar e também a confiar, com todas as nossas forças, que nossas preces serão ouvidas. Porque Ele nos olha com amor e anseia nos tornar parceiros de Suas boas obras. Por esta razão somos inspirados a rezar por aquilo que O apraz. E por cada uma de nossas orações e por todo o empenho de nossa parte – ambos dádivas divinas – somos eternamente recompensados. Isto nos ficou evidenciado na Sua afirmação: *"E então tu oras pedindo a Mim"*. Com estas palavras, Deus expressou tão grande prazer e contentamento que parecia estar em débito conosco por causa de todas as nossas boas obras – e, no entanto, é Ele quem as realiza através de nós quando, em comunhão com a Sua vontade, rezamos pedindo-Lhe que faça o que O agrada. Era como se Nosso Senhor me dissesse nesta Visão: *"Como tu poderias me alegrar mais do que orar a Mim fervorosa, sábia e sinceramente, pedindo-me aquilo que tenciono realizar?"*

Deste modo, pela prece, a alma está em uníssono com Deus.

Quando nosso generoso Senhor pelo mérito de Sua graça, Se revela à nossa alma, temos tudo o que almejamos. E, naquele instante, já não nos ocorre mais nada o que pedir, porque todo o nosso propósito consiste na contemplação de Deus. Esta é, na minha concepção, uma prece sublime e imperceptível, porque tudo o que suplicamos é estar em união e na contemplação Daquele a quem elevamos nossas orações. Tomados de uma alegria maravilhosa e de um assombro reverente, experimentarmos tamanha doçura e deleite que já não somos capazes de rezar pedindo absolutamente nada, exceto o que Ele nos inspira. E o sei muito bem que quanto mais enxergamos Deus, mais desejamos a graça de Sua Divina Presença em nossas vidas.

Porém, nas muitas ocasiões em que *não* conseguimos perceber a presença de Deus em nossas vidas, recorremos a Jesus, famintos e necessitados, confiantes de que a oração nos dará forças para seguir em frente. Porque quando as tempestades assolam a nossa alma, quando nos vemos sozinhos e preocupados, sentimos necessidade de rezar, de nos tornarmos maleáveis nas Mãos de Deus, dóceis e receptivos ao fluxo da Vontade Divina. Mas lembre-se de que a oração não molda a Vontade de Deus, porque Ele é sempre o mesmo no amor.

Eis o que compreendi: quando, movidos por nossas necessidades, nos sentimos impelidos a rezar, o nosso bom Senhor nos acompanha, fortalecendo as nossas intenções. E quando, pela ação extraordinária de Sua graça, nós enxergamos somente a Ele, todas as nossas outras carências se dissipam e O seguimos, atraídos para a intimidade do Seu amor.

Percebi que a ação contínua de Deus em todas as coisas é tão unificada, tão sábia, tão poderosa, que supera o que a nossa imaginação é capaz de conceber, ou a nossa razão assimilar.

Neste ponto, tudo o que podemos fazer é contemplar o Redentor e exultar, ansiando estar em comunhão com Ele, ansiando construir nossa morada Nele, nos regozijando no Seu amor, e nos deliciando com a Sua bondade.

Imbuídos da suave graça divina, permaneceremos em humilde oração, nos aproximando de Deus nesta vida por meio de muitas percepções e experiências espirituais íntimas, doces e emocionantes, que nos são concedidas na proporção da nossa capacidade de recebê-las.

Tudo isto é forjado pela graça do Espírito Santo durante toda a nossa vida e, até quando morrermos, sempre iremos almejar este amor.

E então entraremos em perfeita comunhão com o Senhor e o nosso eu, enfim, enxergará com clareza. Nós teremos Deus plenamente e Deus nos terá, eterna e inteiramente. Nós veremos Deus verdadeiramente, nós O sentiremos completamente e O escutaremos espiritualmente. Nós iremos absorver Deus; nós iremos sorver Deus. E quão arrebatador é o sabor do Divino!

Veremos Deus face a face, nitidamente, com familiaridade e intimidade – a criatura irá contemplar, para todo o sempre, o seu Criador. Porém, nesta vida temporal, nenhum ser humano pode contemplar Deus desta maneira e viver. Entretanto, Ele nos concede vislumbres divinos que nos elevam acima de nós mesmos, fortalecendo-nos. Deus modera as Suas Revelações de acordo com a Sua vontade e com o estágio da jornada espiritual em que cada um de nós se encontra.

OUTRAS REFLEXÕES SOBRE A DÉCIMA QUARTA REVELAÇÃO

CAPÍTULO XLIV

"Deus é a eterna e suprema Verdade, a eterna e suprema Sabedoria, o eterno e supremo Amor não criados; enquanto a Alma humana é uma criatura de Deus na qual estão impressas as mesmas características de seu Criador."

Em todas as Revelações que me foram concedidas, Deus me mostrou, muitas vezes, que os seres humanos estão, continuamente, realizando a Sua vontade e assim o Seu louvor é perene e infinito. A Sua Divina Vontade foi manifestada na Primeira Visão, com um exemplo maravilhoso: a ação da Verdade e da Sabedoria na alma da Santa Maria. E espero agora, pela graça do Espírito Santo, ser capaz de expressar o que testemunhei.

A Verdade percebe Deus, a Sabedoria contempla Deus e, destas duas, procede o Amor, que é o contentamento sagrado e sublime em Deus. Onde a Verdade e a Sabedoria estão realmente presentes, então ali está também o Amor, pois este resulta de ambas. E tudo isto é Criação de Deus, porque Ele – que não é criado – é a eterna e suprema Verdade, a eterna e suprema Sabedoria e o eterno e supremo Amor. A alma humana é uma criação de Deus e nela estão impressas as mesmas características de Seu Criador – a exceção de haver sido concebida.

É por esta razão que a alma faz aquilo para o qual foi criada: perceber Deus, contemplar Deus e amar a Deus. E esta é a razão de Deus se regozijar na Sua criatura e esta em Deus, num deleite sem fim. Neste deleite mútuo, a criatura vê o seu Deus, o seu Senhor, o Seu Criador tão majestoso, tão grandioso, tão bom, que ela, em comparação, sente-se como se houvesse se perdido na insignificância.

Entretanto, a claridade da Verdade e a luz da Sabedoria levam a criatura a compreender que ela foi criada por amor e que, neste amor, Deus para sempre irá guardá-la.

CAPÍTULO XLV

"Todas as coisas celestiais e todas as coisas terrenas, pertencentes ao Céu, estão abrangidas nestes dois julgamentos."

O juízo que Deus faz sobre nós fundamenta-se na essência mais profunda da nossa humanidade, que está sempre unida a Ele, eternamente incólume e segura; e o Seu julgamento procede da Sua retidão.

Mas nós, criaturas, julgamos com base na nossa natureza inconstante, que ora parece uma coisa, ora outra, dependendo daquilo ao qual estamos dando atenção – quer sejam os aspectos mais elevados ou os mais rasteiros da nossa existência. E é esta natureza volúvel que expomos aos olhos do mundo. O julgamento humano é confuso, porque às vezes é bom e complacente, e outras vezes cruel e doloroso. A perspectiva boa e complacente é reta e acurada, porém o pecado induz a uma percepção cruel e dolorosa. Todavia, o nosso bom Senhor Jesus transforma as tribulações que experimentamos nesta vida pela ação da Sua misericórdia e graça e, através da Sua Sagrada Paixão, todas as coisas se tornam íntegras e verdadeiras.

Embora estes dois pareceres estejam, então, reconciliados e unificados em seu âmago, ambos serão percebidos distintamente no Céu pelos séculos sem fim. O primeiro julgamento deriva-se da retidão divina e é fruto do amor sublime e infinito que o Senhor nos tem. Este é aquele julgamento justo e suave que me foi mostrado no decorrer de toda a Revelação em que o Redentor não nos atribui nenhuma espécie de culpa. Contudo, a despeito da doçura e do prazer desta constatação, eu não conseguia me sentir completamente confortada porque a visão da Santa Igreja sobre esta questão não me saía da mente. Refletindo sobre os ensinamentos da Santa Igreja, compreendi ser necessário me reconhecer pecadora e, portanto, pelo mesmo enfoque, reconhecer que os pecadores são, às vezes merecedores de culpa e castigo.

Porém estes dois elementos – culpa e castigo – não fui capaz de encontrar em Deus. Senti-me assim lançada num estado de perplexidade e anseio muito maior do que me considero apta a expressar. O Seu julgamento reto e elevado o próprio Deus me havia mostrado e eu sabia ser preciso aceitá-lo – mas, ao mesmo tempo, a Santa Igreja anteriormente me havia ensinado a sua perspectiva embasada na volubilidade da natureza humana. Como negá-la? Meu desejo era compreender de que maneira o julgamento da Santa Igreja aqui na terra é verdadeiro aos olhos de Deus e como eu poderia, de fato, entendê-lo. Meu anseio consistia em reconciliar essas duas percepções de modo tal que honraria a Deus e seria moralmente certo para mim.

Nenhuma outra resposta me ocorreu exceto o exemplo surpreendente de um Senhor e seu Servo – sobre os quais falarei posteriormente – ainda que tenha sido uma revelação envolta em misticismo. E, no entanto, meu desejo permaneceu – e permanecerá até o fim de meus dias – de que, pela graça divina, eu consiga, de algum modo, harmonizar estas duas percepções aparentemente contraditórias.

Porque todas as coisas celestiais e todas as coisas terrenas, pertencentes ao Céu, estão abrangidas nestes dois julgamentos. Quanto mais pudermos, com o auxílio do Espírito Santo, compreender essas duas maneiras de enxergar a nós mesmos, mais perceberemos e reconheceremos nossas próprias fraquezas. E quanto mais as enxergarmos, mais almejaremos – por meio da graça – ser inundados de alegria e felicidade infinitas, pois é para isso que fomos criados. E mesmo agora, a nossa essência mais profunda está sempre mergulhada no regozijo de Deus. Assim tem sido desde a nossa criação e assim será pelos séculos dos séculos.

CAPÍTULO XLVI

"É necessário perceber e reconhecer que somos pecadores: portanto merecedores de sofrimento e castigo."

"Ele é Deus: Todo-Bondade, Vida, Verdade, Amor, Paz; Sua Sabedoria e Sua Unidade conosco não permitem que Ele se ire."

Nesta vida temporal, a nossa identidade raramente sabe como é o nosso verdadeiro Eu, exceto por meio da Fé. Mas quando enxergarmos e conhecermos, real e claramente, o nosso próprio Ser, então seremos capazes de, real e claramente, ver e conhecer o Nosso Senhor Deus na plenitude da alegria. Por esta razão, quanto mais nos aproximamos da nossa felicidade, mais ansiamos por ela, impelidos tanto pelo que é inato à nossa natureza quanto pela graça divina.

Nesta vida podemos conhecer o nosso verdadeiro Eu apenas através de auxílio constante e da fortaleza do que há de mais virtuoso na nossa natureza humana. E à medida que conhecemos o nosso verdadeiro Eu, somos capazes de expandi-lo e fazê-lo florescer com o socorro e o influxo da misericórdia e da graça. Todavia nunca podemos conhecer plenamente o nosso Eu até atingirmos o último limiar, o limiar em que esta vida transitória e todo o sofrimento e toda a tristeza chegam ao fim. Logo, a essência do nosso Ser e a graça divina nos instigam a desejar, com todas as nossas forças, conhecer o nosso verdadeiro Eu e, na abrangência deste conhecimento, ser conduzidos ao conhecimento, real e claro, de nosso Deus na plenitude do incomensurável contentamento.

No entanto, durante todo este tempo, do começo ao fim da Revelação, debrucei-me sobre duas reflexões. Uma delas concernia ao amor eterno e constante, à segurança e proteção absolutas e à felicidade jubilosa — e cada uma destas qualidades esteve presente em todas as *Visões*.

A outra reflexão abordava os ensinamentos fundamentais da Santa Igreja, que me instruíram e alicerçaram a minha Fé e os quais eu buscava assimilar, sempre tencionando segui-los e praticá-los. Estas reflexões não brotaram de mim, porque não divergi, ou me senti incitada a me afastar dos ensinamentos da Igreja em nenhum instante. Pelo contrário, aprendi a amar os seus ensinamentos e a me comprazer neles ainda mais do que antes, pois assim, com o auxílio de Nosso Senhor e com a Sua graça, eu poderia crescer e alcançar um conhecimento mais profundo e um amor mais sublime.

Em virtude desta Revelação, pareceu-me necessário perceber e reconhecer que somos pecadores e que realizamos muitas ações más que não deveríamos e deixamos de fazer o bem que deveríamos. Por conseguinte, merecemos sofrimento e castigo.

Entretanto, a despeito de tudo isto, vi, verdadeiramente, que o Nosso Senhor nunca se enraivece conosco, ou jamais irá se enraivecer, porque Ele é Deus: Ele é Todo-Bondade, Todo-Vida, Todo-Verdade, Todo-Amor e Todo-Paz. O Seu Poder, a Sua Sabedoria, o Seu Amor, a Sua Unidade conosco não Lhe permitem se irar. A Bondade e a Sabedoria de Deus são tais que é impossível para Ele conter raiva em Si. Deus é a Bondade que não pode se encolerizar, porque Ele não é nada exceto Bondade. Nossa alma está unida a Deus, que é a Bondade imutável e, portanto, entre Ele e nossa alma não existe nem raiva nem perdão. Estamos em tão completa comunhão com Deus, em razão da Sua Bondade, que não há absolutamente nada separando nossa alma de Sua Divina Essência.

Cada uma das Visões me conduziu com amor e me atraiu, vigorosamente, para a compreensão de *como é* a Natureza Divina. Por meio de *Sua imensurável Bondade*, Nosso Senhor nos mostrou o que almeja nos fazer entender – ou seja, aquilo que julgou apropriado para as Suas criaturas assimilarem.

Tudo o que uma alma simples pode compreender, Deus deseja que seja revelado e conhecido. Porém há outras realidades que Ele mantém ocultas e que não nos serão descortinadas até o instante em que Nosso Senhor, por Sua Bondade, nos tenha tornado capazes de absorvê-las.

Enquanto isso sinto-me feliz, aguardando que a vontade de Nosso Senhor para nós se cumpra – e me entrego à minha Mãe, a Santa Igreja, como uma criança pequena o faria.

CAPÍTULO XLVII

"Muitas vezes nós O perdemos de vista e, num átimo, resvalamos para dentro de nós mesmos. E então descobrimos que nada parece bem –, e nada, além de conflitos, inundam o nosso ser."

À nossa alma cumprem dois deveres: maravilhar-se num assombro reverente e sofrer com humildade, e ambos sempre no regozijo da presença Divina. Porque Deus quer nos fazer entender que não tardaremos a ver Nele, nitidamente, tudo aquilo que almejamos.

Porém, a despeito disso, e atônita diante do que contemplava, ponderei: *"O que são a misericórdia e o perdão de Deus?"* Sempre me havia sido ensinado que a misericórdia de Deus se expressara quando a ira divina – decorrente do nosso pecado – fora apagada. Logo pareceu-me que para uma alma cuja intenção e anseio mais profundo é amar, a ira divina se converteria na mais cruel de todas as dores e, portanto, supus que a remissão de Sua ira seria um dos pontos centrais da misericórdia de Deus. Entretanto, apesar do meu intento e empenho, não consegui vislumbrar este enfoque em nada do que me fora revelado.

Mas se assim me for permitido pela graça da Trindade Santa, procurarei expor a minha compreensão da Sua obra de misericórdia: os seres humanos são inconstantes nesta vida e, por causa de sua fraqueza e vulnerabilidade, muitas vezes se deixam dominar e caem em pecado. Nós somos frágeis, faltam-nos sabedoria e discernimento e nossa vontade é facilmente sobrepujada. Na Terra, a humanidade mergulha numa tempestade de tristeza e dor simplesmente porque estamos cegos – não somos capazes de enxergar Deus. Se pudéssemos ver Deus, contínua e nitidamente, então não alimentaríamos sentimentos maliciosos, ou praticaríamos certo atos, ou cederíamos a impulsos que nos conduzissem à nossa queda.

Isto eu percebi tanto com a minha inteligência quanto com as minhas emoções. Esta compreensão e sensação eram muito mais sublimes, amplas e plenas de graça do que quaisquer outros pensamentos e sentimentos corriqueiros. E, no entanto, eu não conseguia parar de pensar quão pequeninas e insignificantes eram minhas sensações diante do desejo imensurável de contemplar Deus.

Observei em mim cinco métodos de ação, aos quais denominei: *Júbilo*, *Pesar*, *Anseio*, *Medo* e *Esperança Confiante*.

Júbilo porque Deus me concedeu entendimento e convicção de que eu, de fato, contemplara a Sua Divina Presença; *Pesar* devido aos meus fracassos; *Anseio* porque desejava ver Deus mais e mais, pois sabia que nunca encontraria completo repouso até vê-Lo, verdadeira e claramente, no Paraíso; *Medo* porque eu receava o fim da Visão, quando seria deixada novamente sozinha comigo mesma; e, durante todo o tempo, mantive a *Esperança Confiante* de que o amor eterno me guardaria em segurança pela misericórdia de Deus e me conduziria a Sua felicidade. O *Júbilo* de contemplar o Senhor e a *Esperança Confiante* na Sua proteção compassiva me cumularam de tão grande conforto, que a dor do meu *Pesar* e do meu *Medo* suavizou-se.

Esta Revelação me fez entender que a minha visão expandida de Deus não poderia perdurar na vida terrena. Porém, também percebi que essa compreensão ampliada do Divino nos leva a glorificar mais a Deus e contribui para a nossa eterna alegria.

Com frequência perdemos Deus de vista. Nós nos fechamos em nós mesmos e então logo descobrimos que nada parece bem – pois já não há harmonia em nosso interior, apenas conflitos.

Esta desarmonia tem raízes remotas, fincadas na nossa Primeira Queda, e todos os nossos pecados posteriores resultam da nossa própria ardileza. Isto é o que nos causa sofrimento e nos lança em tempestades; isto é o que nos faz sentir separados de Deus; e isto é o que provoca as dores espirituais e físicas na vida terrena.

CAPÍTULO XLVIII

"Ponderei sobre a essência da Misericórdia e a essência da Graça: e vi que são duas expressões de um único amor."

Mas nosso bom Senhor, o Espírito Santo, a vida infinita que faz de nós Sua morada, nos guarda em completa segurança. O Espírito inunda de paz a nossa alma e nos leva a encontrar repouso por intermédio da graça, nos ajudando a nos tornarmos mais alinhados à Vontade Divina, maleáveis e dóceis à Sua ação.

Isto é misericórdia. E é assim que Nosso Senhor nos conduz continuamente enquanto permanecemos na Terra, sujeitos às inconstâncias da vida.

Não vi ira alguma exceto em nós, e Deus nos perdoa. Porque a ira nada mais é do que um desvio do caminho que conduz ao Senhor e que nos coloca em oposição direta à paz e ao amor. A raiva brota em nossa mente quando nos faltam fortaleza e sabedoria, quando, fragmentados, fracassamos na bondade. Mas esses reveses estão somente em nós, não em Deus. O pecado e os infortúnios nos encolerizam e nos exilam da paz e do amor. Porém Deus sempre volta a Sua Face misericordiosa e compassiva para nós, porque o fundamento da misericórdia é o amor e a obra da misericórdia é nos manter protegidos neste amor. E isto me foi mostrado de tal modo que eu não poderia conceber como atributo da misericórdia outra coisa que não fosse o amor.

A misericórdia é doce e generosa, uma obra de amor mesclada com imensurável compaixão. A misericórdia age nos protegendo e transformando tudo o que toca em algo de bom para nós. Por amor, a misericórdia nos permite fraquejar até certo ponto e quando fraquejamos, caímos. Esta queda nos leva à morte, mas esta morte é necessária sempre que já não percebemos e sentimos a Presença Divina, que é a nossa verdadeira vida.

Nosso fracasso é terrível, nossa queda vergonhosa e nossa morte trágica – no entanto, em tudo isto, o olhar suave da compaixão e do amor permanece sobre nós e jamais nos abandona.

Ponderei sobre a essência da misericórdia e a essência da graça, e compreendi que são duas expressões de um único amor. A misericórdia é imbuída de compaixão e, em seu terno amor, revela a Maternidade de Deus, enquanto a graça, neste mesmo amor, é um atributo majestoso, pertencente à nobre Paternidade divina.

A misericórdia nos abriga, nos reanima, nos faz resistir ao sofrimento e nos cura com uma ternura e amor infinitos. A graça nos põe de pé, nos eleva, nos infunde respeito por nós mesmos, nos gratifica e nos concede dádivas com uma abundância que ultrapassa o nosso merecimento, irradiando, através da nossa vida, a colossal generosidade de Deus, a Sua proteção e a Sua maravilhosa delicadeza. A misericórdia e a graça agem em virtude da exuberância do amor. A graça converte nossos fracassos terríveis em consolo sólido e infinito; a graça transforma nossas quedas vergonhosas em saltos que nos elevam mais alto e nos dignificam; a graça opera através das nossas mortes trágicas para nos trazer de volta a uma vida plena e repleta de alegria.

Eu vi, com clareza, que enquanto a nossa natureza humana, tão cheia de contradições, nos causa sofrimentos, constrangimentos e tristezas na Terra, no Céu a graça irá nos cumular de consolo, honra e felicidade tais, que excederão a quaisquer experiências terrenas. E quando, enfim elevados, recebermos a doce recompensa que a graça criou para nós, agradeceremos e bendiremos o Nosso Senhor, tomados de uma alegria infinita pelas aflições que aqui padecemos. E assim será porque descobriremos o amor misericordioso de Deus – o que talvez nunca viesse a acontecer se não houvéssemos enfrentado tribulações.

Ao contemplar e assimilar tudo isto, compreendi que a misericórdia e o perdão de Deus não estão relacionados à ira Divina; muito pelo contrário. A misericórdia e o perdão de Deus visam aplacar e consumir a *nossa* ira.

CAPÍTULO XLIX

"Onde Nosso Senhor está a paz se faz presente e não há espaço para a ira."

"A alma entra em comunhão com Deus no instante em que está em paz consigo mesma."

Eu estava maravilhada com o que testemunhara em cada uma das Visões. E à minha observação atenta não escapou o fato de que me fora cuidadosamente demonstrado, a fim de que não houvesse nenhuma dúvida, que o Senhor Deus não tem necessidade de nos perdoar porque Ele não Se enfurece conosco – seria impossível para Deus se deixar tomar por uma ira vingativa.

Foi-me revelado que nossas vidas estão inteiramente alicerçadas e enraizadas no amor e que sem amor seríamos incapazes de viver. Quando a graça nos permite contemplar a sublime e assombrosa Bondade de Deus, nos damos conta de que estamos eternamente unidos a Ele no amor e, portanto, é inconcebível que Deus se encolerize, porque cólera e amizade são forças antagônicas. Como poderia Aquele que dissipa e aniquila a nossa fúria arrogante, nos tornando humildes e compassivos, ser qualquer outra coisa senão a Unidade? Senão simples e amável? Não são estes atributos opostos à ira?

Constatei, com imensa clareza, que onde Nosso Senhor está, a paz se faz presente e não há espaço para a ira. Não há absolutamente nenhum traço de raiva em Deus, sejam episódicos, sejam duradouros. Porque se Deus se irasse conosco, ainda que por um instante, seríamos destruídos, nossas vidas e o próprio mundo que habitamos, extintos.

Tão certo quanto o nosso ser está contido no Poder infinito de Deus, na Sua Sabedoria e Bondade eternas, também somos guardados em segurança por este mesmo Poder infinito, esta Sabedoria e Bondade eternas.

Ainda que percebamos a nossa própria fragilidade e experimentemos desarmonia e conflitos interiores, permanecemos, de todas as maneiras, misericordiosamente envoltos na brandura, humildade, generosidade e suavidade divinas. Nossa eterna amizade com Deus, nossa vida, nosso ser e nosso lugar no mundo, tudo isto está abrigado no Divino.

A mesma Bondade infinita que nos protege para que não pereçamos – até quando pecamos – nos arrasta continuamente para a paz, a despeito de nossa raiva mesquinha e a tendência adversa de nos afastarmos de Deus. Esta

Bondade nos induz a enxergar a nossa necessidade e, dominados pela ansiedade, nos voltamos para Deus em busca do perdão, almejando pela nossa salvação.

E embora, movidos pela raiva e antagonismo existentes em nós, estejamos agora em meio a tribulações, inquietações e pesares, vítimas da nossa própria fragilidade e cegueira, continuamos completamente seguros e protegidos pela misericórdia Divina para que não sucumbamos. Mas nós não nos sentiremos *abençoadamente* seguros de possuir a alegria inesgotável até que estejamos inteiramente mergulhados na serenidade e no amor: plenamente contentes com Deus, com toda Sua obra, com todos os Seus juízos, em paz conosco mesmos, com todos os nossos irmãos e com tudo aquilo que agrada a Deus amar. Isto é o que a Bondade Divina realiza em nós.

Vi que Deus é a nossa verdadeira Paz, o nosso Protetor inabalável quando estamos intranquilos, Aquele que age continuamente para nos dar a paz infinita.

E quando, induzidos pela ação da misericórdia e da graça, nós nos percebemos humildes e compassivos, estamos, então, completamente seguros. E quando estamos verdadeiramente em paz conosco mesmos, descobrimos que nossa alma está unida a Deus, porque Nele não há ira.

Assim entendi que, quando estamos totalmente submersos na paz e no amor, já não experimentamos contradições, ou qualquer tipo de entraves. E os conflitos com os quais nos debatemos agora, o Nosso Senhor Deus, em virtude de Sua Misericórdia, os transforma em algo que nos seja benfazejo. Os conflitos são a causa das nossas tribulações e tristezas, porém o Nosso Senhor Jesus as toma para Si e as envia ao Céu, onde são convertidas no que de mais doce e delicioso o nosso coração é capaz de conceber, ou a nossa língua articular. E é isto – essa beleza verdadeira e honra transmutadas – que estarão nos aguardando quando chegarmos ao Paraíso.

Este é o nosso Deus, o nosso Fundamento sólido. Ele será a nossa felicidade plena e nos tornará imutáveis como Ele é quando estivermos no Céu.

CAPÍTULO L

"A culpa do nosso pecado está sempre pairando sobre nós."
"Na visão de Deus, a alma é guardada em segurança, viva; a alma não está morta, e jamais estará."

Nesta vida, a misericórdia e o perdão são o caminho que nos conduzem continuamente à graça. Quando as tormentas e as aflições nos esmorecem, nós morremos, pois este é o nosso destino aqui na Terra, mas, na visão de Deus, a alma é guardada em segurança, viva; a alma não está morta, e jamais estará.

E, no entanto, tomada de admiração e espanto, e com todo o zelo, ponderei: *"Bom Senhor, vejo que Tu és a essência da Verdade e reconheço que nós pecamos dolorosamente todos os dias e que somos culpados. Eu não posso escapar da essência de quem Tu és – e tampouco posso ver que Tu nos culpa de alguma maneira. Como tal coisa é possível?"*

Porque eu sei, através dos ensinamentos da Santa Igreja e através do meu discernimento, que a culpa do nosso pecado está sempre pairando sobre nós desde o primeiro ser humano, e assim será até quando chegarmos ao Paraíso. Parecia-me um milagre que o Nosso Senhor Deus não nos culpasse, que nos visse como se fôssemos puros e santos como os anjos no Céu.

Perante estas duas realidades tão antagônicas, minha razão inquietou-se terrivelmente devido à minha cegueira.

Como conservar a serenidade temendo que a Sua Presença Sagrada desapareceria da minha vista e eu seria deixada na ignorância sobre como o Redentor nos enxerga em nosso pecado? Porque eu precisava ou ver que Deus remira todo o pecado, ou como Ele considerava o nosso pecado, para que me fosse possível analisar essa realidade sob o mesmo prisma. Meu anseio persistiu enquanto eu continuava a contemplar a figura de Cristo nessa Visão. Todavia, impacientava-me com a minha própria confusão e incapacidade de enxergar com clareza. Perplexa, pensei: *"Se eu concluir que, afinal, não somos pecadores, nem merecedores de culpa, isto me pareceria um engano e me sentiria aquém da compreensão dos fatos. Mas se somos pecadores e culpados, bom Senhor, como não posso ver esta realidade em Ti, que és o meu Deus, o meu Criador, Aquele em quem almejo encontrar todas as Verdades?"*

Três pontos me encorajaram a formular este questionamento:

Primeiro: por ser uma pergunta tão humilde. Fosse algo elevado, me sentiria aterrorizada.

Segundo: por ser uma indagação comum. Fosse especial e oculta, eu também me sentiria aterrorizada.

Terceiro: porque eu *precisava* saber a resposta – ou assim me parecia – se fosse viver minha vida segundo o entendimento da diferença entre o bem e o mal e amando o bem e odiando o mal, conforme ensina a Santa Igreja.

Na minha mente, clamei a Deus com todas as minhas forças: *"Ah! Senhor Jesus, Rei de toda a felicidade, como posso encontrar paz? Quem irá me ensinar? Quem irá explicar a verdade a mim, se eu não for capaz de enxergá-la em Ti?"*

CAPÍTULO LI

"Ele é a Cabeça e nós os Seus membros."

"Portanto o nosso Pai não poderá, nem irá, apontar mais culpa em nós do que ao Seu próprio Filho, o precioso e digno Cristo."

E então o nosso amável Senhor respondeu-me com uma Revelação enigmática e maravilhosa sobre um Servo e seu Senhor, agraciando-me também com discernimento para compreender a perspectiva de ambos. Esta dupla visão me possibilitou entender tanto o enfoque do Servo quanto o do Senhor. Um destes enfoques contemplei-o espiritualmente, mas com representação corpórea, enquanto o outro o vislumbrei apenas espiritualmente, sem quaisquer aspectos físicos.

Primeiro vi duas pessoas em formas corpóreas – um Senhor e seu Servo – e com isto Deus me concedeu a compreensão espiritual. De ar majestoso e sereno, o Senhor achava-se calmamente sentado, enquanto o Servo, respeitoso, permanecia de pé ao seu lado, pronto para atendê-lo. O Senhor, fitando o Servo com um olhar doce e amoroso, incumbiu-o de uma tarefa.

O Servo, induzido pelo amor dedicado ao seu Senhor, lançou-se à frente, apressando-se a partir para realizar o que lhe fora pedido. Entretanto, tão célere corria, que acabou escorregando e caindo precipício abaixo, ferindo-se gravemente. E no fundo do abismo, ele se queixou, e se lamentou, e se lamuriou, e se contorceu, pelejando para se levantar. As tentativas vãs o fizeram sentir-se impotente.

Em tudo isto, o maior dos infortúnios do Servo foi a sua sensação de desamparo, pois ele se recusou a voltar-se para o seu Senhor amoroso em busca de socorro. Todavia, durante todo o tempo, o Senhor estivera por perto e poderia tê-lo ajudado, no entanto, o Servo, insensato, fechou-se na sua fraqueza e chafurdou na sua aflição.

No decorrer desta experiência agonizante, o Servo padeceu de *Sete grandes dores*.

A Primeira foram os ferimentos profundos causados pela queda; a Segunda, a letargia de seu corpo; a Terceira, a fraqueza resultante das feridas e do torpor; a Quarta, a perda do sentido do que era real e uma cegueira mental tamanha, que quase o levaram a se esquecer de seu amor por seu Senhor; a Quinta, a incapacidade de se reerguer; a Sexta pareceu-me a mais assombrosa de todas as agonias – pois espreitei ao redor do Servo, e olhei com cuidado, e não vi, nem perto, nem longe, nenhuma espécie de auxílio; a Sétima dor era o lugar – imenso, opressivo, atormentador – onde ele agora jazia.

Admirei-me como o Servo suportava, humildemente, todas aquelas atribulações. Movida por tal pensamento, observei-o com atenção, a fim de descobrir se o Servo cometera alguma falta, ou se o Senhor o culpava de algo. Entretanto nada vi que o desabonasse, porque fora a sua prontidão e ímpeto para servir os causadores de sua queda. Ainda agora, continuava imbuído do mesmo desejo e comprometimento de quando estivera junto de seu Senhor. Quanto ao seu Senhor, este o perscrutava sem cessar, com o amor e a ternura de sempre.

A partir deste momento, a minha percepção passou a abranger a perspectiva de ambos, a do Servo e do Senhor. A princípio detive-me no Servo, compadecendo-me e apiedando-me dele. Simultaneamente, compreendi os sentimentos do Senhor. Com os olhos da alma, vi que o Senhor rejubilava-se porque, por meio da sua graça abundante, iria resgatar o Servo e trazê-lo de volta para si.

O gentil Senhor disse então consigo mesmo: *"Vejam o meu amado Servo! Que dores e aflições ele tem padecido por amor a mim e por seu desejo de me servir! Não seria justo recompensá-lo por todos os seus medos e temores, por seus ferimentos, tristezas e angústias? E não apenas isto! Eu não deveria lhe conceder uma dádiva maior que fará sua vida ir além do que teria sido se ele não houvesse sofrido essa queda? De outra forma, não seria Graça".*

No decorrer desta Revelação espiritual, o sentido das palavras do Senhor penetrou minha alma e compreendi que a natureza do Senhor era tal, que o seu Servo amado não precisava ser apenas copiosa e abençoadamente recompensado, mas elevado mais alto do que jamais teria sido se nunca houvesse caído. Sim, e tanto, que a sua queda e todas as suas tribulações se converteriam em suprema honra e alegria infinita.

Neste ponto, a Visão se esvaneceu e o nosso bom Senhor me conduziu ao fim da Revelação. Todavia, o deslumbramento despertado em mim por este exemplo não arrefeceu, pois parecia-me que me fora dada a resposta ao meu anseio de entender a aparente dicotomia entre os ensinamentos da Santa Igreja e o que eu testemunhara nas Visões. Porém acreditava que precisava refletir mais sobre esta questão, até que pudesse assimilar inteiramente o seu significado.

Se o Servo simbolizava Adão, vi nele muitas e tão variadas características, que não achei possível considerá-lo uma única pessoa. Por não ser capaz de interpretar totalmente o que contemplara, minha confusão perdurou. Olhando para trás, percebo que esta Visão me expôs três perspectivas. Embora eu continue compreendendo as Revelações sempre um pouco mais, cada uma delas também continua guardando mistérios a serem desvelados. Portanto, cabe-me explicar as três perspectivas que, para o meu consolo, me foram apresentadas. A Primeira é o princípio dos ensinamentos que me seriam transmitidos através da análise do Servo e de seu Senhor; a Segunda, o entendimento que tenho alcançado à medida que pondero sobre o que testemunhei; e a Terceira é a totalidade das Revelações, do início ao fim – ou seja, tudo o que está contido neste livro – e as quais o Nosso Senhor Deus, em virtude da Sua misericórdia, traz, frequente e livremente, à luz da minha razão. Essas três perspectivas estão tão unidas em minha mente que já não sei como, ou sou capaz de separá-las. Juntas, elas têm me ensinado a acreditar e confiar em Nosso Senhor Deus, porque pela mesma bondade e com o mesmo propósito com os quais Ele me agraciou com as Visões, também nos serão explicados os seus significados, de acordo com a vontade Divina.

Quase 20 anos – menos três meses – depois desta Visão, eu continuava sendo espiritualmente instruída. A mensagem soava-me nestes termos: *"Tu deves analisar todas as condições e elementos do exemplo que te foi dado, ainda que tu os julgues obscuros ou insignificantes"*. Lancei-me à missão com entusiasmo e me debrucei sobre todos os elementos e circunstâncias que me haviam sido mostrados anteriormente, chegando tão longe quanto a minha inteligência e entendimento me levavam.

Comecei esquadrinhando o Senhor:

E a sua maneira de sentar-se,

E o lugar onde Ele achava-se sentado,

E a cor e o estilo de suas roupas,

E o seu semblante,

E a nobreza e bondade que Ele exsudava.

Quanto ao Servo, observei:

Como e onde ele estava de pé,

E o seu modo de portar-se,

E a sua maneira de vestir-se: a cor e o estado de suas roupas,

E a sua atitude,

E a sua bondade interior e desejo de servir.

O Senhor sentado, de ar nobre e sereno, interpretei como sendo Deus. O Servo de pé, considerei que simbolizasse Adão – isto é, todos os seres humanos. Nesta Visão foi mostrado um só homem e sua queda para que compreendêssemos que, na perspectiva divina, toda a humanidade é uma única pessoa e cada pessoa é toda a humanidade.

Este homem sofrera tamanho golpe que sua força se esvaíra, fragilizando-o. De tão aturdido, sentira-se distante da presença de seu Senhor. Entretanto as suas intenções permaneceram íntegras aos olhos de Deus – pois testemunhei como o Senhor louvou e reconheceu o desejo do Servo de servi-lo. Este, porém, incapaz de discernir a sua própria vontade, deixou-se invadir por uma imensa tristeza e agonia, porque não apenas não enxergava com clareza o seu Senhor amável – sempre humilde e gentil –, como tampouco conseguia enxergar, realmente, o que ele significava para o seu Senhor. Quando estes dois fatores – o conhecimento de si e o conhecimento de Deus – são sábia e verdadeiramente percebidos, então encontramos repouso e paz, ainda que parciais nesta vida, porque a felicidade plena só a experimentaremos no Céu, em virtude da graça divina.

Este foi o princípio dos ensinamentos que me permitiram entender como Deus nos vê em nosso pecado.

É apenas a nossa própria dor que nos faz sentir culpados. Esta é a nossa única punição, porque o nosso compassivo Senhor nos conforta e socorre e sua Divina Presença nos traz somente alegria e amor.

O Senhor sentava-se simplesmente no chão, num lugar ermo e deserto. No entanto suas vestes, compridas, amplas e suntuosas, revelavam-se apropriadas a alguém de posses. O tecido das roupas, azul-celeste, primava pela sobriedade e beleza. De tez morena clara e feições marcantes e agradáveis, o Senhor tinha um semblante misericordioso. Seus olhos eram negros, límpidos e cheios de uma *compaixão* amorosa. O Senhor parecia abarcar dentro de si um santuário imponente, vasto e espaçoso, repleto de infinitos céus. Diante do olhar amoroso com o qual ele observava continuamente o seu Servo – e em especial no momento da queda – pensei que tanto amor poderia derreter nossos corações ou transpassá-los de pura alegria.

Este belo olhar, misto de Compaixão e Piedade e de Alegria e Júbilo, era esplêndido de se contemplar. A Alegria e Júbilo ultrapassavam a Compaixão e Piedade tanto quanto o Céu está além da Terra, pois a Piedade está direcionada à Terra e o Júbilo ao Céu. O Pai apiedava-Se e compadecia-Se da queda de Adão, a Sua criatura mais amada. E alegrava-Se e rejubilava-Se com a queda de Seu precioso Filho, porque este é consubstancial ao Pai. A Divina Misericórdia olhou para a Terra e a saciou; então desceu com Adão ao Inferno para preservá-lo da morte eterna. E essa Misericórdia e Compaixão permanecerão com a humanidade até quando formos alçados ao Paraíso.

Mas os seres humanos são cegos nesta vida e, portanto, não conseguimos ver o nosso Deus Pai como Ele é. E sempre que, por Sua bondade, Deus nos oferece vislumbres de Si mesmo, Ele se apresenta humildemente *como* homem. Não obstante, devemos compreender que o Pai *não* é uma pessoa como nós.

O fato de o Senhor estar sentado no chão de terra batida, num local deserto, nos conduz à seguinte reflexão: Deus criou a alma humana para ser a Cidade Divina, a Sua própria Morada, o lugar que mais O agrada em toda a Criação. Porém quando, na sua queda, o homem mergulha na tristeza e na dor, a sua alma já não está mais inteiramente apta para cumprir o seu honroso propósito. Assim, o Nosso Senhor Pai, ao invés de preparar para Si outra Morada, senta-Se no chão para estar o mais perto possível da humanidade caída, até a hora em que o Seu amado Filho, por meio da agonia da Sua Paixão, restaura e devolve à Cidade Divina o seu nobre esplendor.

O azul-celeste dos trajes do Senhor simboliza a Sua constância; a pele morena clara de Seu rosto formoso e o negrume de Seus olhos expressam a Sua santa sobriedade. A amplidão e o comprimento de Suas roupas, bonitas e exuberantes, sugerem que o Senhor traz enclausurado dentro de Si todos os Céus, toda a Alegria e Júbilo. Tudo isto me foi mostrado num único momento e o meu entendimento, guiado pelo Senhor, me possibilitou contemplar o Seu imenso regozijo, pois, por meio da Sua graça abundante, Ele resgatará o Seu servo e lhe restituirá a dignidade.

E ainda o meu embevecimento perdurava, enquanto continuava me debruçando sobre as figuras do Senhor – sentado solenemente –, e do Servo – reverente e de pé junto de seu Senhor.

A imagem do Servo também viabilizou uma análise dupla: exterior e interior.

Quanto ao aspecto exterior: o Servo estava trajado humildemente, como um trabalhador braçal, pronto para a lida. Todavia, apesar da proximidade, ele não se postava diante de seu Senhor, e sim ao lado, um pouco à esquerda. A túnica branca que vestia era fina, surrada, deformada, manchada de suor, um tanto apertada e curta, mal chegando abaixo dos joelhos. Esfarrapada, parecia prestes a virar um trapo. Surpresa e admirada com o estado desse traje, conjecturei: *"Por que um Servo tão amado usaria tal roupa na presença de seu distinto Senhor?"*

Porém, interiormente, a solidez do amor do Servo por seu Senhor equivalia àquela que o Senhor lhe tinha. Sagaz, o servo sabia haver uma única atitude que poderia tomar para honrar o seu Senhor. E assim, por amor, sem pensar em si, ou preocupar-se com o que poderia acontecer-lhe, partiu às pressas para atender e cumprir a vontade de seu Senhor. Sua túnica gasta evidenciava os muitos anos de trabalho, entretanto o que se passava em seu íntimo o fazia parecer um novato, a quem, até então, nunca fora confiada uma tarefa.

Havia, na Terra, um tesouro o qual o Senhor amava. Instigada pelo pensamento, perguntei-me o que seria. A resposta ecoou à luz do meu entendimento: *"Deve ser um alimento delicioso e agradável ao Senhor"*. Eu vira o Senhor sentado no chão sem nenhuma comida ou bebida por perto e sem ninguém para servi-lo, e isto me pareceu enigmático. Também enigmático era o fato de este digno Senhor não ter nenhum outro servo, senão o que enviara numa missão. Enquanto observava tudo aquilo, tentei imaginar que tipo de trabalho executaria o Servo. Deduzi que seria o trabalho mais árduo e pesado – o de jardineiro; sempre cavando e abrindo valas, labutando e suando, revirando a terra em busca de solo úmido para a raiz de suas plantas e fazendo jorrar sobre elas um fluxo de água-doce no devido tempo. E neste labor o Servo persistiria até que as plantas dessem frutos, os quais seriam apresentados ao seu Senhor, para o deleite do mesmo. Porém o Servo não retornaria até que houvesse preparado este alimento exatamente como sabia que mais agradaria ao seu Senhor. Só então ele ofereceria a comida e a bebida, dignamente, ao seu Senhor. E durante todo este tempo, o Senhor permaneceria sentado no mesmo lugar, aguardando a chegada do Servo.

Tais pensamentos me enchiam de admiração e eu me indagava de onde teria vindo o Servo, porque, afinal, o Senhor continha tudo dentro de si – a vida eterna e todos os tipos de bens – exceto *aquele* tesouro existente na Terra. O tesouro estava alicerçado no Senhor, enraizado no âmago do seu amor infinito. No entanto, apenas quando o Servo o escavasse e o apresentasse, o Senhor seria plenamente honrado. Sem o Senhor, não existiria nada a não ser a vastidão desértica, entretanto fora o Servo quem lhe levara comida e bebida. Eu não conseguia assimilar o significado disso.

Então compreendi: o Servo simbolizava Adão, isto é, toda a humanidade, mas simbolizava também a Segunda Pessoa da Santíssima Trindade. Portanto, quando falo "o Filho", estou aludindo à Divina Essência, porque Ele é consubstancial ao Pai. E quando digo "o Servo", refiro-me ao Cristo encarnado, o verdadeiro Adão.

Pela proximidade com o Senhor, o Servo é compreendido como o Filho, e pelo seu posicionamento à esquerda do Senhor, ele é entendido como Adão.

O Senhor é o Pai, Deus. O Servo é o Filho, Jesus Cristo. O Espírito Santo é o Amor que jorra e flui entre Ambos. Quando Adão caiu, também caiu o Filho de Deus. Em virtude da unidade entre os dois, tecida no Céu, o Filho de Deus não podia ser separado de Adão – por

"Adão" compreende-se a Humanidade. Adão caiu da vida para a morte e, do abismo deste mundo conturbado, desceu ao Inferno. O Filho de Deus caiu com Adão nas profundezas do útero da Virgem, a mais bela Filha de Adão, para que Adão fosse resgatado de sua culpa no Céu e na Terra e, libertado do Inferno, reconduzido ao Paraíso.

É por intermédio da sabedoria e bondade do Servo, que o entendemos como o Filho de Deus. A roupa surrada, de trabalhador braçal, e a sua conduta – de pé, à esquerda de seu Senhor – apontam para a Humanidade e Adão, e todos os infortúnios e fraquezas subsequentes, porque em tudo isto, o nosso Bom Senhor mostrou o Seu próprio Filho e Adão como um *único* homem. A virtude e a bondade existentes em nós nos vêm de Jesus Cristo, enquanto a nossa cegueira e a fraqueza se originam em Adão. E ambos aspectos da nossa natureza foram revelados no Servo.

Nosso bom Senhor Jesus tomou sobre Si toda a nossa culpa, logo, nosso Pai não pode, nem irá, apontar culpa alguma em nós, tanto quanto não apontaria em Seu próprio Filho.

Assim Jesus era o Servo de pé junto do Pai, aguardando, deliberadamente, o momento em que seria enviado ao mundo para, por meio de Seu honroso feito, reconduzir a humanidade ao Paraíso. Isto não significa que Jesus não seja ao mesmo tempo Deus, porque, como o Pai, a Sua Essência é Divina. Mas o Filho, em Seus desígnios, já antecipava e desejava se tornar homem para resgatar a humanidade e cumprir a vontade do Pai.

Então Jesus se postou junto do Pai como Servo, ansioso para tomar sobre Si todo o nosso fardo. Pronto para atender ao Pai, Ele se pôs a caminho apressadamente e caiu nas profundezas do ventre da Virgem, sem Se importar Consigo mesmo, ou com Suas dores atrozes.

A túnica branca é a Sua carne.

O tecido fino indica que não há absolutamente nada separando a Sua Divindade da Sua humanidade.

O fato de a túnica ser um pouco apertada e curta revela pobreza e o trabalho servil; o esfarrapamento resulta de seu uso por Adão e as manchas de suor são marcas da labuta de Adão.

Era como se Jesus estivesse dizendo: *"Vê, Pai amado, estou diante de Ti vestido com as roupas de Adão, pronto para começar, pronto para estar no mundo e Te honrar fazendo a Tua vontade onde quer que Tu Me enviares. Quão mais terei que esperar?"*

Quanto à humanidade de Cristo, este é o meu entendimento:

Todos os seres humanos – nós, os resgatados pela Encarnação e pela sagrada Paixão de Cristo – somos a humanidade de Cristo, porque Ele é a Cabeça e nós os Seus membros. Estes membros, porém, não sabem quando a tristeza e o sofrimento cessarão e quando a alegria e o júbilo serão plenos – porque por este dia e por esta hora, toda a Corte Celeste almeja.

Aqueles que estão sob o Céu e lá aspiram chegar, percorrem o seu caminho impelidos pelo anseio e pelo desejo. Este desejo e anseio foram expressos na postura do Servo, de pé junto de seu Senhor – ou seja, do Filho perante o Pai, trajando a túnica de Adão. Os anseios e desejos de toda a humanidade que será resgatada tornaram-se visíveis em Jesus, porque Jesus é tudo o que será salvo, e tudo o que será salvo é Jesus. E tudo procede da Misericórdia de Deus, com obediência, mansidão, paciência e virtudes que pertencem a todos nós.

Estas imagens maravilhosas me foram apresentadas à maneira que um professor ensina o alfabeto a uma criança, posto que as letras conduzirão a um conhecimento muito maior. Os segredos da Revelação estão ocultos neste exemplo, ainda que *todas* as Visões estejam cheias de mistérios.

O Pai *estar sentado* traduz o repouso e a paz pertencentes à Divina Essência, porque em Deus não há labuta. E Ele ter Se mostrado como Senhor simboliza a nossa humanidade.

O servo *estar de pé* denota trabalho árduo; e *ao lado, à esquerda*, indica que ele não era plenamente digno de ficar defronte o seu Senhor. O *lançar-se à frente* indica a Divina Essência e o *apressar-se a partir* aponta para a Encarnação, porque a Essência Divina lança-se do Pai para cair no ventre da Virgem e assumir a nossa condição humana. Nesta queda, Cristo sofreu um ferimento profundo: o de revestir-Se de nossa carne, na qual tão tardaria a experimentar os dolorosos tormentos mortais.

O fato de o Servo conservar-se, receosamente, ao lado do Senhor revela que seu traje não era apropriado para que estivessem face a face; esta não poderia, nem seria, a postura condizente de um trabalhador. Tampouco iria Ele sentar-Se e repousar na presença de seu Senhor, até que houvesse conquistado a paz por meio de Seu árduo trabalho.

Estar à esquerda do Senhor, significa o Pai ter permitido que o Filho – este também por Sua própria vontade – sofresse todas as dores da humanidade, sem Se poupar.

A túnica branca, *surrada e esfarrapada*, simboliza a pele dilacerada de Cristo pelos flagelos, espinhos, pregos e golpes rasgando Sua carne. Assim eu testemunhara em outra

Visão, quando a pele despregara de Seu crânio e caíra em pedaços até que o sangramento cessara e Sua carne começara a ressecar, grudando-se novamente nos ossos.

O chafurdar na terra, o debater-se, os lamentos e os gemidos sugerem que Ele jamais poderia Se erguer, onipotente, a partir do instante em que caíra no ventre da Virgem até o momento em que Seu corpo fosse aniquilado. E, nesta hora, Jesus entregou não apenas o Seu espírito ao Pai, mas toda a Humanidade que viera resgatar.

Neste ponto da Sua ascensão, Cristo começou a manifestar o Seu poder, descendo ao Inferno e arrancando, das profundezas da escuridão, um séquito de almas que se uniram a Ele no mais alto do Céu.

Seu corpo permaneceu no sepulcro até a manhã de Páscoa e, desde então, Ele jamais esteve em outra posição que não fosse de pé.

Assim cessaram o chafurdar e o debater-se, e foram calados os lamentos e os gemidos. A nossa carne frágil e mortal com a qual o Filho de Deus Se revestiu – simbolizada pela túnica de Adão, velha, apertada, fina e curta – converteu-se, através de nosso Salvador, em roupa nova, branca, reluzente, de uma pureza infinita, muito mais bela e suntuosa, mais comprida e ampla do que eu vira o Pai trajar. A roupa do Pai era azul, mas a de Cristo é agora luminosa, uma mescla de cores tão magnífica que não sou capaz de descrevê-la, porque é a imagem da verdadeira glória.

O Senhor já não está sentado no chão, num lugar ermo e deserto e sim no Seu trono mais esplêndido, edificado no Céu para o Seu agrado. O Filho já não se apresenta diante do Pai como um Servo receoso, em roupas modestas e com parte do corpo desnuda, e sim trajando vestes esplendorosas e abençoadamente amplas, com uma coroa de inigualável magnificência na Cabeça. Porque me foi mostrado que *nós somos a Sua Coroa*, e esta Coroa é a Alegria do Pai, a Glória do Filho, o Deleite do Espírito Santo e uma Felicidade infinita e surpreendente para todos aqueles que estão no Céu.

O Filho já não está de pé à esquerda do Pai, como um trabalhador, mas sentado à direita do Pai, em repouso e paz eternos. Todavia isto não significa que Pai e Filho estejam sentados lado a lado, à maneira como nos sentamos uns ao lado dos outros, porque – no meu entendimento – não existe tal coisa como "sentar-se" na Trindade. O Filho estar à direita do Pai significa que Ele é a mais suprema das alegrias do Pai.

Agora o Esposo, o Filho de Deus, está em paz com a Sua Esposa amada, a alma bela e que é o Júbilo sem fim.

Agora o Filho, verdadeiro Deus e verdadeiro Homem, está unido – no repouso e na paz – com toda a humanidade na Cidade Eterna que o Pai Lhe destinou em Seus desígnios. E o Pai está no Filho, e o Espírito Santo está no Pai e no Filho.

CAPÍTULO LII

"E assim temos agora motivo para nos lamentarmos, porque o nosso pecado é a causa das dores de Cristo; e temos motivo para alegria eterna, porque foi o Seu amor infinito que O levou a sofrer por nós."

E em tudo isso eu vi que Deus regozija-Se porque Ele é nosso Pai.

Deus regozija-Se porque Ele é nossa Mãe.

Deus regozija-Se porque Ele é o nosso Verdadeiro Esposo e porque a nossa alma é Sua Esposa amada.

Cristo regozija-Se porque Ele é nosso Irmão.

E Jesus regozija-Se porque Ele é nosso Salvador.

Estas são as *Cinco Alegrias Supremas* e, no meu entendimento, Deus deseja que as partilhemos louvando-O, agradecendo-Lhe, amando-O e glorificando-O.

Durante esta vida, cada um de nós a ser resgatado traz dentro de si um misto maravilhoso de contentamento e aflição.

Nós temos em nós o Senhor Jesus ressuscitado, e carregamos em nós o tormento da desventurada queda de Adão.

Em Cristo estamos inabalavelmente protegidos e o toque de Sua graça nos fortalece na certeza e confiança de nossa salvação. Mas por meio da queda de Adão nos tornamos tão fragilizados, nossos sentimentos e emoções tão fragmentados pelo pecado e tantas outras dores, que a tristeza e a cegueira nos consumiram a ponto de quase já não sabermos como encontrar qualquer conforto.

Porém, na nossa essência mais profunda, continuamos a habitar em Deus, fiéis e confiantes na Sua misericórdia e graça – e esta é a ação Divina em nós. Em razão da Sua bondade, Ele nos abre os olhos para a verdadeira realidade, entretanto nossa visão às vezes é aguçada, às vezes turva, de acordo com a capacidade de enxergar que o Senhor nos concede. E assim ora somos elevados, ora nos é permitida a queda e essa alternância, essa mescla de vida e morte, é tão estranha e surpreendente que mal conseguimos perceber onde nós, e nossos semelhantes, nos achamos, pois as nossas percepções desagregadas nos impedem de compreender o que é real. Todavia vivemos imersos numa Concordância Sagrada com Deus, porque quando sentimos a Sua presença, desejamos, com todo o nosso coração, com toda a nossa alma e com todas as nossas forças, estar unidos a Ele.

E então odiamos e desprezamos os nossos ímpetos arrogantes e tudo aquilo que possa nos afastar de Deus, física e espiritualmente. Não obstante, quando perdemos de vista a doçura Divina, caímos outra vez em tamanha cegueira e escuridão que mergulhamos nas mais diversas aflições e atribulações.

Podemos apenas nos confortar com a certeza, *fruto da nossa fé*, de que, pela força de Cristo, o âmago do nosso ser nunca consente se afastar de Deus, e que nós nos opomos ao pecado, nos revoltamos contra a escuridão e resistimos em meio à dor e à tristeza, rezando até que a Divina Presença nos seja novamente revelada.

Este é o matiz da vida humana: fé e tristeza, alegria e agonia, e nele permanecemos absorvidos todos os dias.

Todavia, por meio de tudo isso, Deus deseja nos fazer saber que está para sempre conosco; e de três maneiras:

Ele está conosco no Céu, como o verdadeiro Homem Encarnado, nos atraindo para Si e nos elevando – de acordo com o revelado na Visão da Sua Sede Espiritual.

Ele está conosco na Terra, nos guiando e protegendo – conforme o que testemunhei na Terceira Visão, ao vislumbrar Deus numa Partícula Minúscula.

E Ele está conosco em nossa alma, Sua morada eterna, nos conduzindo e protegendo – assim como explicitado na Décima Sexta Visão.

No Servo manifestaram-se não somente a desventura e a cegueira da queda de Adão, mas também a sabedoria e bondade do Filho de Deus. No Senhor evidenciaram-se a piedade e compaixão pelo sofrimento de Adão e também no Senhor desvelaram-se a dignidade suprema e a glória infinita às quais a Humanidade será alçada em virtude da Paixão e Morte de Seu Precioso Filho.

Por conseguinte, o Senhor exulta com a queda de Adão porque se este não houvesse caído, a Humanidade jamais conheceria a plenitude da alegria, ou seria elevada tão alto. Por esta razão, para que eu compreendesse tal grandeza insuperável, pude ver Deus ao mesmo tempo em que observava a queda do Servo.

E assim temos agora motivo para nos lamentarmos, porque o nosso pecado é a causa das dores de Cristo; e temos motivo para alegria eterna, porque foi o Seu amor infinito que O levou a sofrer por nós.

Portanto nós, criaturas, a quem foi oferecida a graça de perceber e sentir a ação do amor Divino, não odiamos nada senão o pecado; isto é, qualquer coisa que nos separe de Deus. No meu entendimento, amor e ódio são os mais inflexíveis e exacerbados antagonistas.

A despeito de o amor persistir no âmago do nosso ser, compreendi, por meio dos desígnios de Nosso Senhor, que nesta vida iremos tropeçar e cair no pecado, pois é impossível nos mantermos inteira e completamente puros como seremos no Céu.

Porém a graça nos protege dos pecados que nos levariam ao sofrimento eterno – conforme a Santa Igreja nos ensina – e nos ajuda a nos empenharmos para evitar aqueles veniais.

E quando, induzidos pela nossa cegueira e fraqueza, caímos, o toque suave da graça nos incita a ficar novamente de pé, desejosos de nos emendar. Então fixamos nossa atenção nos ensinamentos da Santa Igreja e seguimos nosso caminho, confiantes no amor de Deus. Tal atitude significa que, quando pecamos, não devemos nem mergulhar no desespero, nem ceder à negligência, tratando o erro como algo sem importância. Devemos, sim, reconhecer honestamente a nossa fraqueza, como se estivéssemos nus diante de Deus, cientes de que, contando apenas conosco mesmos, não somos capazes de conservar o equilíbrio ainda que durante um mero piscar de olhos. Tudo o que podemos fazer é nos agarrarmos humildemente a Deus, confiando que Nele está a nossa força e segurança.

A perspectiva de Deus é completamente diferente da perspectiva da humanidade. Como seres humanos, cabe-nos sondar nossas faltas e admitir nossas culpas. E cabe à bondade misericordiosa de Nosso Senhor Deus nos perdoar. Estas duas perspectivas foram mostradas na dupla atitude do Senhor diante da queda de Seu amado Servo: a realidade exterior indicava fraqueza e humildade, acompanhadas de grande compaixão e piedade; enquanto a interior revelava um amor infinito. Nosso Senhor deseja que nos perscrutemos, sincera e diligentemente, reconhecendo os nossos erros e suas consequências inevitáveis, compreendendo e aceitando que não poderemos ser resgatados sem o amor infinito e a abundante misericordiosa de Deus.

Esta conscientização – tanto da nossa própria fraqueza quanto da absoluta segurança do amor Divino – é o que o Nosso Senhor nos pede, e é isto que a Sua Presença gera em nossos corações. As duas realidades são verdadeiras: a exterior, inferior humilhante; e a interior, elevada e profunda. A realidade lastimável é a queda do ser humano na escuridão e na dor, e a sublime, a Reparação reverente que Nosso Senhor tem feito por nós.

Porém ambas realidades se tocam, porque toda a vida e fortaleza existentes em nossa realidade inferior nos vêm daquela mais elevada, pela graça da essência mais profunda do nosso Verdadeiro Eu. Não há absolutamente nada separando uma realidade da outra, porque tudo brota de um único amor.

Este amor abençoado age duplamente em nossas vidas. Em nossa realidade inferior, a misericórdia e o perdão dão significado às nossas angústias e sofrimentos; enquanto na realidade mais elevada, não existe nada, exceto este mesmo amor sublime e alegria avassaladora que curam todas as nossas feridas.

Nesta Visão, Nosso Senhor nos mostrou não apenas que somos perdoados, mas também a dignidade honrosa que Ele nos trará, ao transformar toda a nossa culpa em eterna grandeza.

CAPÍTULO LIII

"Em cada alma que será salva existe uma Vontade Divina que não consente pecar e jamais consentirá."

"Antes mesmo de nos criar, Ele nos amou e, quando fomos criados, nós O amamos."

Percebi que Deus quer nos fazer entender que, na Sua perspectiva, nenhuma fraqueza humana é mais grave do que a queda de Adão – e nós sabemos que Adão foi infinitamente amado, guardado e protegido durante toda a sua provação e que, agora, resgatado, se deleita na mais completa alegria. Nosso Senhor é tão bom, tão amável e compassivo, que nunca atribui culpa àqueles em quem Ele será bendito e glorificado.

Por intermédio desta Visão amorosa e generosa a mim concedida por Nosso Senhor, meu anseio foi parcialmente atendido e o meu grande temor um tanto aplacado.

Esta Revelação permitiu-me enxergar e compreender, com absoluta certeza, que em cada alma que será salva existe uma Vontade Divina que não consente pecar e jamais consentirá. Esta Vontade é tão virtuosa que não pode nunca escolher o mal, mas sempre, e continuamente, escolher o bem e praticar o bem aos olhos de Deus.

Nosso Senhor deseja que reconheçamos esta verdade por meio da Fé e da Crença da Igreja e, principalmente, que estejamos convictos de que uma parcela da nossa essência permanece íntegra e segura em Jesus Cristo, nosso Divino Protetor. No Céu, todos os seres criados estarão entrelaçados a Deus, saciados por Sua equidade e unidade – porém isto só será possível porque, desde o princípio, parte da nossa Substância mais profunda nunca esteve separada de Deus, ou jamais poderia estar, porque os Seus Desígnios Divinos, eternos e ilimitados, estão em uníssono com a Sua Vontade.

Mas, apesar deste entrelaçamento e unidade eternos, a redenção e o resgate da humanidade ainda são necessários em tudo e essenciais para o nosso florescimento e Bem-aventurança, como a nossa Fé nos ensina por intermédio da Santa Igreja.

Compreendi que Deus nunca *começou* a amar a humanidade, porque assim como a humanidade está destinada à felicidade infinita, tornando plena a alegria Divina que flui através da Criação, da mesma maneira a humanidade sempre esteve presente nos Desígnios de Deus e foi por Ele amada antes de todos os séculos.

Pela ação da Trindade – em completa e perpétua harmonia na Sua intenção e consentimento – a Segunda Pessoa desejou ser o Fundamento e a Cabeça desta bela natureza humana. Cristo é a Fonte da qual todos nós viemos, Nele estamos todos encapsulados, para Ele voltaremos e Nele encontraremos o nosso Céu, a alegria sem fim, tal como a Trindade Santa designou desde antes do início dos tempos.

Antes mesmo de ter nos criado, Deus nos amou, e quando fomos criados, nós O amamos. E este é um amor *criado* pela substância e natureza Misericordiosa do Espírito Santo, é um amor Forte em virtude do Poder do Pai e Judicioso em razão da Sabedoria do Filho. Logo, a alma do homem foi criada por Deus e, simultaneamente, entrelaçada a Deus.

A alma humana foi criada do nada, isto é, concebida, mas não a partir de algo anteriormente existente. Quando Deus fez o corpo humano, Sua Mão Divina modelou o barro da Terra, uma matéria sólida resultante da mistura de todas as partículas minúsculas que compõem o nosso mundo. Porém, para criar a alma humana, Ele não desejou usar nada, simplesmente a chamou à existência. Portanto, fomos criados a partir de um elemento da natureza e, ao mesmo tempo, não criados, porque a nossa Substância procede de Deus, o único Ser não criado! Este é o porquê de não poder haver, nem nunca haverá, qualquer coisa separando Deus da alma humana.

Imersa neste amor infinito, nossa alma é mantida íntegra, como todas as Revelações nos mostraram.

Imersos neste amor infinito, somos guiados e protegidos por Deus, sem que jamais nos percamos. Ele deseja que estejamos cientes de que, em razão de Sua Bondade e Generosidade, nossa alma tem uma vida que irá perdurar por toda eternidade, amando-O, dando-Lhe graças e glorificando-O.

E tal como nossa vida nunca chegará ao fim, também em Deus somos enaltecidos e escondidos, conhecidos e amados desde antes de todos os séculos.

Deus almeja nos fazer compreender que a Sua criação mais nobre é a Humanidade e que a Substância mais plena e a mais sublime Virtude é a sagrada Alma de Cristo.

E, ainda mais, Deus quer que saibamos que, desde a Criação, nossa alma está entrelaçada a Ele de maneira tão intrincada, e este vínculo precioso e sutil é tão poderoso, que a alma é uma só em Deus. E a santidade eterna está nesta Unidade.

Deus quer que percebamos que todas as almas que serão resgatadas no Céu por toda a eternidade, estão entrelaçadas e conectadas a Ele e que esta unidade sagrada santifica as almas.

CAPÍTULO LIV

"A Fé nada mais é que a compreensão certa – enraizada na crença verdadeira e confiança inabalável – da natureza do nosso Ser: nós estamos em Deus e Deus, a Quem não vemos, está em nós."

Por causa do imenso e infinito amor que Deus tem por toda a Humanidade, Ele não faz distinção no Seu amor pela sagrada Alma de Cristo e por aquela mais pequenina que será salva. É muito fácil crer e confiar que a santa Alma de Cristo habita o Altíssimo. Mas, conforme me foi dado a entender, onde a bendita Alma de Cristo faz Sua morada, lá também estão todas as almas que Ele resgatou.

Muito devemos exultar por Deus habitar em nossa alma e muito mais ainda devemos nos rejubilar por nossa alma habitar em Deus! Nossa alma é *criada* para ser a morada de Deus e a morada da nossa alma é Deus – que *não foi criado*.

Esta compreensão elevada, esta assimilação interior, nos permite ver e saber que Deus, o nosso Criador, vive em nossa alma e que nossa alma, que é criada, vive na Essência Divina, a Substância da qual fomos criados. Logo, não posso perceber nenhuma diferença entre Deus e a nossa própria Substância: tudo é Deus. Entretanto, sejamos claros: apenas Deus é Deus e a nossa Divina Essência é uma criação de Deus.

A Verdade onipotente da Trindade é nosso Pai, que nos criou e nos guarda em segurança dentro de Si mesmo.

A profunda Sabedoria da Trindade é nossa Mãe, em Quem estamos todos enclausurados.

A sublime Bondade da Trindade é Nosso Senhor, e Nele estamos tão encapsulados quanto Ele em nós.

Estamos encapsulados no Pai, estamos encapsulados no Filho e estamos encapsulados no Espírito Santo. E o Pai está encapsulado em nós, o Filho está encapsulado em nós e o Espírito Santo está encapsulado em nós. Todo-Onipotência, Todo-Sabedoria, Todo-Bondade: um só Deus, um só Senhor.

A Fé é uma Virtude que, pela ação do Espírito Santo, brota do âmago do nosso ser e se entranha na nossa identidade; dela todas as nossas virtudes se originam, porque sem Fé ninguém recebe dom algum.

A Fé nada mais é que compreensão certa – enraizada na crença verdadeira e confiança inabalável – da natureza do nosso Ser: nós estamos em Deus e Deus, a Quem não vemos, está em nós.

Esta virtude da Fé – da qual todas as outras virtudes se originam, conforme os desígnios de Deus – opera grandes coisas em nós, porque a obra misericordiosa de Cristo está em nós. Assim, tocados pela graça, nos reconciliamos com Ele por meio dos dons e virtudes do Espírito Santo, nos tornamos filhos de Cristo e escolhemos viver como tal.

CAPÍTULO LV

"Cristo é no nosso Caminho."
"A Humanidade será resgatada da dupla morte."

Portanto, Cristo é o nosso Caminho. Ele nos conduz em segurança em Suas leis e Seu Corpo, poderosamente, nos eleva ao Céu. Porque eu vi que cada um de nós que é salvo por Cristo vive Nele e, então, somos oferecidos com benevolência ao Pai, que nos acolhe com profunda gratidão. O Pai, generosamente, devolve este presente – das nossas almas resgatadas – ao Seu Filho, Jesus Cristo. Este recíproco presentear concede alegria ao Pai, felicidade ao Filho e prazer ao Espírito Santo. De tudo aquilo que fazemos nesta vida, isto é o que mais agrada ao Nosso Senhor: que partilhemos do deleite existente na Trindade Santa por causa da nossa salvação – e sobre essa questão discorri mais detalhadamente na Nona Revelação.

A despeito da oscilação de nossos sentimentos, ora experimentamos tristeza, ora alegria, Deus deseja que compreendamos e acreditemos que existimos mais verdadeiramente no Céu do que na Terra.

Nossa Fé brota do amor inerente à nossa Alma, da luz límpida da nossa Razão e da própria estrutura da nossa Mente, uma dádiva de Deus ao nos criar. No exato momento em que o Espírito é soprado em nosso corpo e somos revestidos de carne, também a misericórdia e a graça começam a agir, apoderando-se de nós e nos protegendo com piedade e amor. Através desta ação, o Espírito Santo molda a nossa Fé com a *Esperança* de um dia estarmos novamente à altura da nossa mais verdadeira Essência, mergulhados na fortaleza de Cristo e elevados e saciados pelo Espírito Santo.

Compreendi, então, que a nossa identidade está enraizada tanto neste mundo quanto na Divina Misericórdia e Graça; e este é o solo que nos nutre, capacitando-nos para receber os dons que nos conduzem à vida eterna.

Vi, com absoluta clareza, que a nossa Substância, o âmago do nosso ser, está em Deus, e também que Deus está em nossa identidade. Porque no mesmo instante em que a nossa alma se revestiu de carne, Deus construiu dentro dela a Cidade Divina, conforme o Seu Projeto anterior a todos os séculos.

Deus fez desta Cidade Divina a Sua morada e de lá jamais sairá. Ele nunca se ausenta da alma, pois ali está a Sua felicidade sem fim. Isto está revelado na Décima Sexta Visão, com as seguintes palavras: *"O lugar onde Jesus faz Sua morada é nossa alma, e de lá Ele jamais Se ausentará."*

Às Suas criaturas, Deus tem concedido muitas dádivas, também oferecidas ao Seu Filho, Jesus. Habitando em nós, Jesus guarda em Si estes dons, até que tenhamos crescido e amadurecido o suficiente para saboreá-los. Nossa alma cresce com o nosso corpo, e o nosso corpo amadurece com a nossa alma, ambos amparando-se e auxiliando-se mutuamente, até que estejamos tão amadurecidos quanto a nossa natureza determina. E então, à medida que continuamos a crescer, alicerçados no solo deste mundo, nutridos com a Divina misericórdia, o Espírito Santo sopra em nós os seus dons que nos direcionam para a vida eterna.

Por meio destas reflexões, Deus me levou ao entendimento, à percepção e ao conhecimento de que nossa alma é uma *trindade criada,* que reflete a alegria da Trindade Santa, que nunca foi criada, mas que sempre existiu. Nós somos conhecidos e amados desde antes do início dos tempos e fomos criados dentro na unidade do Criador. Esta Visão me encheu de doçura e encantamento e me proporcionou paz, repouso e uma deliciosa sensação de segurança.

E por causa da honrosa unidade que Deus concebeu entre corpo e alma, é inevitável que a Humanidade seja resgatada da dupla morte. Este resgate nunca poderia ser completo até que a Segunda Pessoa da Trindade – por intermédio de Quem a nossa essência mais sublime esteve unida a Deus no momento da Criação – também assumisse a nossa natureza carnal. Estes dois elementos constituintes da Humanidade, o mais elevado e o mais baixo, estão em Cristo, e se integram numa só alma. Em Cristo, a parte mais elevada esteve sempre em paz com Deus, imersa na mais perfeita alegria e felicidade, enquanto a natureza terrena sofreu para a salvação da Humanidade.

Estes dois aspectos de Cristo eu os testemunhei e vivenciei na Oitava Revelação, quando experimentei na carne o memorial da Sua Paixão e Morte – porém também me descobri invadida por um sentimento etéreo e particular quando contemplei a parte mais elevada de nós mesmos, embora não tenha sido capaz de olhar para o Céu, a despeito daquela voz amigável que me incitava a fazê-lo. E isto aconteceu porque a visão da vida interior era forte demais: a realidade íntima existente em cada alma, a vida que é a Substância mais sublime, a preciosa Alma de Cristo que se regozija eternamente dentro da Divina Essência.

CAPÍTULO LVI

"Deus está mais perto de nós do que a nossa própria alma."

"Nunca chegaremos a ter um conhecimento cabal de Deus até que conheçamos antes, e verdadeiramente, a nossa alma."

Por meio de tudo isto, constatei que é mais fácil para nós vir a conhecer a Deus do que conhecer a nossa própria alma. Porque a nossa alma está tão profundamente enraizada em Deus – onde somos guardados por toda a eternidade – que não conseguimos conhecê-la realmente até que tenhamos primeiro conhecido a Deus, o Criador, a Quem estamos unidos.

Entretanto temos uma tendência natural de, sábia e ardentemente, buscar conhecer nossa própria alma. E, nesta busca, também encontramos Deus. Então, guiados pela Graça do Espírito Santo, viemos a conhecer a Deus e a nós mesmos. Logo, realmente não importa se somos incitados a buscar Deus ou nossa alma, porque ambos os desejos são saudáveis e genuínos.

Deus está mais perto de nós do que a nossa própria alma, porque Ele é o Alicerce sobre o qual estamos fundamentados; Ele é o Ponto Central que mantém unidas a nossa Substância e a nossa Identidade, de modo que estas não possam nunca se separar. A nossa alma repousa verdadeiramente em Deus; a nossa alma se apoia na força de Deus; e a nossa alma está naturalmente entranhada no amor eterno de Deus. Portanto, se almejamos compreender a nós mesmos, se desejamos estar em comunhão e dialogar com a nossa alma, faz-se mister procurarmos Nosso Senhor Deus, em Quem estamos encapsulados. Meu entendimento desta questão se expandiu na Décima Sexta Visão, conforme explicarei posteriormente.

E o que é alma? Estas Revelações me mostraram que tanto a nossa Substância, a nossa Essência Espiritual, quanto a nossa Identidade podem ser chamadas corretamente de Alma por causa da unidade que ambas têm em Deus. Nós podemos até enxergá-las como elementos separados, mas não o são!

A Cidade onde Nosso Senhor Jesus habita é a nossa Identidade, a nossa natureza humana; e a nossa Substância está encapsulada em Jesus, cuja Alma Santa permanece mergulhada na Essência Divina.

É inevitável que experimentemos um anseio e uma sensação de pesar até o momento em que somos guiados tão profundamente para dentro de Deus, que sincera e realmente conhecemos a nossa própria alma. A esta vasta profundidade divina o nosso bom Senhor nos conduz, com o mesmo amor com que Ele nos criou, com o mesmo amor misericordioso e generoso com o que Jesus nos resgatou através da Sua Sagrada Paixão.

Todavia, a despeito de tudo isto, nunca chegaremos a um conhecimento cabal de Deus até que conheçamos antes, e verdadeiramente, a nossa alma. Porque até que nossa alma atinja a plenitude da sua força e capacidade, não podemos ser santos, ou plenos. Tal coisa não acontecerá até que a nossa Identidade, em virtude da Paixão de Cristo, esteja submersa na Essência Divina por meio dos frutos das nossas próprias tribulações terrenas, os quais o Senhor nos permitiu colher por obra de Sua Misericórdia e Graça.

Eu tive um vislumbre do que significa experimentar o toque Divino na minha alma, porém este toque não é algo fora do comum, porque está cravado na própria natureza do nosso ser. Nossa Razão está enraizada em Deus, que é a Substância da nossa natureza. E desta Substância, a Misericórdia e Graça fluem e se derramam em nós, realizando todas as coisas para a consumação da nossa alegria. Estes três são o Fundamento do nosso ser, do nosso crescimento e da nossa completude, porque na nossa *natureza humana* está a nossa vida e, pela ação da *misericórdia* e *graça,* crescemos e nos tornamos completos.

Estas são as três propriedades contidas numa única Unidade, numa só Bondade, e onde uma delas opera em nossa *vida terrena*, todas operam. Deus quer que entendamos isto para que, com todo o nosso coração e com toda a nossa força, ansiemos compreender mais e mais, até que atinjamos a plenitude. Pois esta compreensão não é nada senão a alegria e felicidade infinitas que teremos no Céu – mas Deus deseja que comecemos a desfrutá-las aqui na Terra, ao experimentar o Seu amor.

A nossa Razão apenas não é capaz de nos levar longe o bastante; precisamos igualmente da Meditação e do Amor. Tampouco a nossa Substância, embora enraizada em Deus, nos bastaria, a menos que a Misericórdia e a Graça também germinassem neste Solo. É através da ação conjunta destes três elementos – nossa Essência, Misericórdia e Graça – que recebemos todas as nossas dádivas. As primeiras dádivas são atributos inerentes à natureza humana, porque ao nos criar, Deus nos concedeu tantos dons quanto éramos capazes de acolher, e outros ainda mais sublimes, que só poderiam ser assimilados por nossa Essência Espiritual. E então Ele nos conferiu um propósito ainda maior, porque Deus, nos Seus Desígnios e na Sua infinita sabedoria, quis fazer de nós seres dotados de uma natureza binária.

CAPÍTULO LVII

"Em Cristo nossa natureza binária está unificada."

Deus agraciou nossa Substância com tamanha dignidade e riqueza, que nós iremos sempre realizar a Sua vontade e O honrar. Por "nós" refiro-me a todos os que serão resgatados, pois vi que somos, verdadeiramente, aqueles a quem Deus ama e que fazemos o que O agrada sem cessar.

Em razão de tão grande riqueza e sublime dignidade, imensuráveis virtudes entranham-se na nossa alma quando esta é entrelaçada ao corpo.

Este é o porquê de sermos plenos na nossa Substância, ainda que fragmentados na nossa Identidade. Porém tais insuficiências Deus irá restaurar e então nos tornar inteiros por meio da ação da Misericórdia e da Graça que fluem, abundantes, da Essência de Sua Natureza Divina. A Sua Bondade leva a Misericórdia e a Graça a agirem em nós e a nossa própria Substância — a nós concedidas por Deus — nos capacita a aceitar essa ação.

A nossa Natureza humana é completa e plena dentro de Deus. Desta Natureza Ele faz brotar variações únicas que estarão em harmonia com a Sua vontade. Durante todo o tempo em que a Misericórdia nos revigora e nos completa, a nossa Natureza permanece protegida. Nada de nossa Natureza perecerá, porque os seus aspectos mais elevados estão entranhados em Deus desde o momento da nossa criação e Deus está entranhado nos aspectos mais ínfimos da condição humana desde a Sua Encarnação. Portanto, em Cristo a nossa natureza binária está unificada. A Trindade está contida em Cristo e Nele a nossa parte mais sublime se acha fundamentada e enraizada; e Cristo, a Segunda Pessoa da Trindade, ao revestir-se da nossa carne, assumiu os aspectos mais ínfimos da nossa natureza, conforme Lhe havia sido eternamente designado. Eu vi, com absoluta clareza, que toda a obra que Deus realizou, ou jamais realizará, sempre foi do conhecimento Dele antes de todos os séculos. Por Amor, Ele criou os seres humanos e, por este mesmo Amor, desejou ser um de nós.

O primeiro dom que recebemos de Deus é a nossa Fé e desta fonte jorram todas as outras bênçãos. A Fé procede das riquezas da nossa Substância e impregna a nossa Identidade, enraizando-se em nós por meio da própria Essência da Divindade, pela ação da Misericórdia e da

Graça. Da Fé originam-se todos os outros dons que nos guiam e nos guardam em segurança.

Os Mandamentos estão abrangidos pela Fé, e estes devem ser entendidos de duas maneiras: a primeira é que devemos compreender, conhecer, buscar e amar o que Deus deseja para nós, e a segunda é que devemos abominar e recusar aquilo a que Ele se opõe – pois toda a conduta humana está submetida a estas duas abordagens.

Os Sete Sacramentos são abarcados pela nossa Fé, cada qual na sequência determinada por Deus, além de todos os tipos de virtudes. Estas mesmas virtudes – que recebemos através da nossa Substância e que foram impressas na natureza humana pela Bondade de Deus e pela ação da Misericórdia – nos são concedidas pela Graça e *renovadas* pelo Espírito Santo.

Estas virtudes e dons são guardados para nós em Jesus Cristo, porque ao mesmo tempo em que Deus se revestiu de humanidade no ventre da Virgem, Ele Se arraigou à nossa Identidade. Assim, havendo nos encapsulado em Si mesmo, a Divina Essência se amalgamou à nossa própria. Nesta Unidade, Deus é a plenitude da humanidade porque Cristo, tendo Se entrelaçado com todos os seres humanos, é o Homem Perfeito.

Portanto, Maria é também a nossa Mãe; nela estamos todos enclausurados e dela nascemos em Cristo porque, sendo a Mãe do Salvador, torna-se Mãe de todos os que são por Ele salvos. E o nosso Salvador é a nossa verdadeira Mãe, Aquele que nos dá à Luz eternamente.

Tudo isto me foi mostrado com imensa doçura e integridade, porém, já na Primeira Visão, me havia sido revelado que *estamos todos nós encapsulados em Deus e Deus encapsulado em nós*. E sobre esta encapsulação Divina mais será dito na Décima Sexta Visão, quando testemunhei que *Ele repousa em nossa alma*.

Deus deleita-Se em estabelecer Seu Reino dentro da nossa razão, em repousar em nossa alma e lá habitar para sempre, nos atraindo a nós todos para Si.

Por meio desta atração, Ele deseja que nos transformemos em Seus auxiliares, que Lhes prestemos toda a atenção, que aprendamos com os Seus ensinamentos, que guardemos as Suas leis divinas, desejando que todas as nossas ações sejam as Suas ações e colocando, sinceramente, a nossa confiança Nele. Porque a nossa verdadeira Essência está em Deus.

CAPÍTULO LVIII

"Toda a nossa vida está contida nestes três elementos: Natureza, Misericórdia e Graça."

"A Onipotência da Trindade é nosso Pai, a profunda Sabedoria da Trindade é nossa Mãe e o imenso Amor da Trindade é o nosso Defensor."

Deus, a Trindade Santa, é a Existência eterna. E assim como Ele não tem começo nem fim, também o Seu intento de criar a Humanidade sempre existiu antes de todos os séculos.

A bela natureza humana foi primeiro designada ao próprio Filho de Deus, a Segunda Pessoa da Trindade. Então, com a plena aquiescência de toda a Trindade, Deus nos criou quando o desejou. No ato desta criação, nós nos unimos a Ele e o nosso ser se entrelaçou com o Divino.

Em razão desta união somos mantidos tão puros e nobres quanto no momento da nossa criação. Em virtude desta união, nós amamos o nosso Criador e nos deleitamos

Nele, louvando-O, dando-Lhe graças e exultando. Tal união é a obra que Cristo realiza continuamente em cada uma das almas que resgata, pois esta é a vontade Divina.

Este é o porquê de Deus Onipotente ser o Pai da nossa natureza e de Deus Todo-Sabedoria ser a Mãe da nossa natureza; e, com o Amor e a Bondade do Espírito Santo, a Trindade é um só Deus, um só Senhor.

Neste entrelaçamento e união, Deus é o nosso verdadeiro Esposo e nós os Seus Amados, com quem Ele nunca se desagrada. Esta união jamais será rompida porque Deus nos diz: *"Eu te amo e tu Me amas e o nosso amor de modo algum será fragmentado"*.

Ao contemplar a ação de toda a Trindade Santa, percebi três atributos: Paternidade, Maternidade e Salvaguarda – num único Deus.

O Pai Onipotente protege a natureza da nossa Substância, a nossa Identidade – como sempre o fez desde antes do início dos tempos – e Nele encontramos a nossa felicidade.

Na compreensão e sabedoria da Segunda Pessoa, estão resguardadas a nossa Alma eterna, Identidade e a nossa redenção, porque Cristo é nossa Mãe, Irmão e Salvador.

O nosso bom Senhor, o Espírito Santo, nos defende e concede mérito e significado às nossas vidas e tribulações, nos cumulando, infinitamente, de bênçãos muito maiores do que poderíamos desejar, pois a Sua generosidade é maravilhosa e abundante.

Toda a nossa vida é *tríplice*: no primeiro aspecto está o nosso Ser; no segundo, o nosso Crescimento; e, no terceiro, a nossa Plenitude. O primeiro é Natureza, o segundo, Misericórdia e o terceiro é Graça. A Onipotência da Trindade é nosso Pai; a profunda Sabedoria da Trindade é nossa

Mãe e o imenso Amor da Trindade é o nosso Defensor. E tudo isto está na nossa natureza humana e entrelaçado com a Substância do nosso ser.

E mais ainda! A Segunda Pessoa da Trindade, a Mãe da nossa Substância, é também a Mãe da nossa Identidade. Deus nos criou com uma natureza binária – espiritual e carnal. A Essência Espiritual é a parte mais elevada da nossa natureza, a nós concedida por nosso Pai, Deus Onipotente, alimentada em nós por nossa Mãe, a Segunda Pessoa da Trindade, em Quem estamos alicerçados e enraizados. A Segunda Pessoa é a Mãe Misericordiosa que compartilha conosco a mesma natureza carnal e preserva a nossa dualidade inteira e coesa. Em nossa Mãe Cristo encontramos sustento para que possamos crescer; na Misericórdia da nossa Mãe Cristo somos redimidos e restaurados; e, por meio do poder da Sua Paixão, Morte e Ressurreição, Cristo nos reconcilia com a nossa essência. Esta é a obra misericordiosa de nossa Mãe em todos os Seus filhos que se entregam a Cristo.

A Graça opera com a Misericórdia, e é uma ação que brota da Terceira Pessoa – o Espírito Santo – que nos *recompensa* e nos *cumula de bênçãos*. *Recompensa* é uma grande dádiva que o Senhor concede, por meio da Graça, àqueles que labutam, com uma generosidade que ultrapassa, em muito, o nosso merecimento.

Assim em nosso Pai, Deus Onipotente, está o nosso Ser; em nossa Mãe de Misericórdia somos redimidos e restaurados, pois é no Filho que a nossa natureza binária é unificada e nos tornamos perfeitos; e, pela ação da Graça abundante do Espírito Santo, alcançamos a plenitude.

Nossa Substância está em nosso Pai, Deus Onipotente; nossa Substância está em nossa Mãe, Deus Todo-Sabedoria; e nossa Substância está em Nosso Senhor o

Espírito Santo, Deus Todo-Bondade, porque a Essência do nosso Ser está inteira em cada Pessoa da Trindade, que é Um só Deus. Porém a nossa Identidade, a nossa natureza carnal, está apenas na Segunda Pessoa, Cristo Jesus, e Nele também estão o Pai e o Espírito Santo. Em Cristo, e por Cristo, somos arrancados do Inferno e, libertados das nossas angústias terrenas, alçados ao Céu, onde a nossa Identidade, unida à nossa Substância na mais completa alegria, nos fazem crescer em dons e nobreza. E tudo isto pela graça e ação do Espírito Santo.

CAPÍTULO LIX

"Jesus Cristo, que faz o Bem em face do mal, é a nossa Verdadeira Mãe: Dele brota a nossa vida e Ele é o Fundamento da Maternidade – o Seu amor protetor nos abriga e acompanha incessantemente."

Toda a nossa felicidade procede da Misericórdia e da Graça. E nunca teríamos experimentado tal felicidade se toda a Bondade não estivesse contida em Deus, porque é por intermédio desta Bondade que conhecemos a plenitude da alegria.

À maldade foi permitido se levantar contra a Bondade, porém a Misericórdia e a Graça se opuseram à malícia e transformaram tudo em Benevolência e honra para todos aqueles que serão resgatados – porque esta é a natureza de Deus, fazer o bem em face do mal.

Assim Jesus Cristo, que faz o bem em face do mal, é a nossa Verdadeira Mãe – Jesus Cristo é o Fundamento da Maternidade porque Dele brota a nossa vida e o Seu amor protetor nos abriga e acompanha incessantemente.

Sim, Deus é nosso Pai – e sim, Deus é também nossa Mãe! Isto Ele mesmo o revelou a nós em todas as Visões, em especial por meio destas doces palavras:

> *"Eu Sou.*
> *Eu sou a Força e a Bondade da Paternidade;*
> *Eu sou a Sabedoria da Maternidade;*
> *Eu sou a Luz e a Graça que surgem de todo amor verdadeiro;*
> *Eu sou a Trindade;*
> *Eu sou a Unidade;*
> *Eu sou a suprema Bondade de todas as coisas;*
> *Eu sou Aquele que te faz amar;*
> *Eu sou Aquele que te leva a ansiar por mais;*
> *Eu sou a consumação infinita de todos os teus mais genuínos desejos".*

A alma é mais nobre, digna e elevada quando se faz mais humilde, pequenina e gentil. Desta realidade, deste *Fundamento Essencial*, originam-se, naturalmente, todas as virtudes da nossa Identidade. Entretanto, sem o auxílio da Misericórdia e da Graça, nenhum atributo em nós desabrocharia.

Nosso Pai Altíssimo, Deus Onipotente, que é a própria Essência, nos conheceu e amou antes de todos os séculos. Este Conhecimento Divino, e o Seu profundo e maravilhoso amor, quis – com a concordância presciente de toda a Trindade Santa – que a Segunda Pessoa se tornasse nossa Mãe.

Deus é tão verdadeiramente nosso Pai quanto nossa Mãe. Nosso Pai deseja, nossa Mãe age e nosso bom Senhor, o Espírito Santo, confirma e fortalece.

Por esta razão nós amamos o nosso Deus, em Quem está enraizada a nossa Substância. Nós louvamos e agradecemos a nosso Pai por nossa criação; nós rezamos ardentemente a nossa Mãe por misericórdia e compaixão; e pedimos ao Nosso Senhor, o Espírito Santo, o auxílio e a graça.

Toda a nossa vida está contida nestes três elementos – Natureza, Misericórdia e Graça – e é por meio deles que nos vêm a humildade e a mansidão, a paciência e a piedade, a aversão ao pecado e à maldade. Assim, Jesus é a nossa Verdadeira Mãe – a Mãe da nossa Natureza humana, como fomos criados para ser – e Jesus é também a nossa Verdadeira Mãe pela Graça, porque Ele Se revestiu da nossa humanidade. Toda a bela obra e toda a doçura das características da Maternidade estão vinculadas à Segunda Pessoa da Trindade, porque em Cristo, e em razão de Sua admirável Bondade, somos guardados íntegros e seguros – tanto na nossa Natureza humana quanto na Graça espiritual – pela eternidade sem fim.

No meu entendimento, podemos contemplar a Maternidade de Deus de três perspectivas: a Primeira é a *criação* da nossa Natureza humana; a Segunda é o Seu *revestir-Se* de nossa carne – e neste ponto começa a Maternidade da Graça –, e a terceira é a Maternidade de Obra. Por meio da Maternidade de Deus, a Graça é espalhada ao largo e ao longe, nas alturas e nas profundezas pelos séculos sem fim. E tudo é um só amor.

CAPÍTULO LX

"Mãe da nossa Natureza humana e Mãe Amorosa."

Este é um momento apropriado de expor um pouco mais o meu entendimento das palavras de Nosso Senhor sobre o alcance ilimitado da Graça. A Maternidade da Misericórdia e da Graça resgata a nossa verdadeira natureza, como fomos criados para ser pela Maternidade do Amor, um Amor que nunca nos abandona.

Mãe da nossa Natureza humana e Mãe da Graça, Ele desejou se tornar Mãe em todas as coisas e assim aceitou plantar o Fundamento da Ação Divina no ventre singelo e meigo da Virgem – Assim Cristo me mostrou na Primeira Visão, quando testemunhei a humildade de Maria ao concebê-Lo.

Portanto, o Deus Altíssimo, a Sabedoria Suprema, revestiu-Se de nossa carne insignificante para que Ele próprio pudesse assumir a Missão e os deveres da Maternidade em todos os aspectos.

A missão Materna é a mais íntima, a mais solícita e a mais incontestável: *íntima* por estar vinculada à nossa natureza biológica; *solícita* porque é movida pelo amor, e *incontestável* por ser a mais verdadeira, isenta de todos os tipos de ardis ou subterfúgios. Estes deveres ninguém pode, pôde, ou jamais poderá cumprir em plenitude, exceto Cristo.

Nossas mães humanas nos trouxeram a um mundo de sofrimento e morte – porém a nossa Verdadeira Mãe, Jesus, Aquele que é Todo-Amor – nos dá a luz da alegria e da vida eterna. Bendito seja Ele! E é neste amor que Cristo nos carrega dentro de Si – tal como uma mulher grávida carrega a criança em gestação –, até que seja chegada a Sua hora de sofrer as dores mais excruciantes.

As dores do parto Cristo as sofreu na Cruz, ao morrer e nos dar a luz da alegria. Porém, a despeito de todo o Seu sofrimento, o Seu prodigioso amor por nós ainda não fora saciado. Este é o porquê de Suas inigualáveis palavras amorosas: *"Se Eu pudesse sofrer mais, sofreria"*.

Cristo já não podia morrer outra vez, mas a Sua missão permanecia e, em virtude do Seu incomensurável amor Maternal, era Seu dever nos alimentar. A mãe dá ao filho o seu leite, porém nossa inefável Mãe Jesus nos oferta como alimento a Si mesmo – e Ele o faz generosa e ternamente por meio do Sagrado Sacramento da Eucaristia – o Alimento para a verdadeira vida. Os Sacramentos são o sustento que Jesus, em virtude da Sua Misericórdia, nos oferece para a jornada. Este é o significado de Sua asserção: *"Eu Sou Aquele a respeito de Quem a Santa Igreja prega e ensina a ti"*. É como se Jesus dissesse: *"Toda a saúde e a vida procedentes dos Sacramentos, toda a força e a graça da Minha Palavra, toda a bondade encontrada na Santa Igreja, tudo isto sou Eu"*.

A mãe segura o filho delicadamente junto do coração; entretanto nossa compassiva Mãe, Jesus, nos conduz para *dentro* de Seu Sagrado Coração transpassado, e lá contemplamos a Fonte Divina, as alegrias do Céu e a certeza de um deleite infinito. Assim foi o meu entendimento da Décima Visão, quando Cristo, rejubilando-se com o Seu lado ferido, exclama: *"Vê como Eu te amo!"*

A bela palavra *Mãe* é tão doce e íntima que, de fato, não pode ser dita a respeito de ninguém, ou para alguém, exceto Cristo, que é a verdadeira Mãe de toda a vida. A Maternidade é a essência do amor inato, da sabedoria e do conhecimento – e a Maternidade é Deus.

Embora seja verdade que o nosso nascimento físico seja banal, humilde e simples se comparado ao nosso nascimento espiritual, Deus está presente em ambos.

A Mãe compassiva, amorosa, conhece e compreende as necessidades do filho e zela por ele com uma ternura vigilante, pois esta é a sua natureza. À medida que a criança cresce, os cuidados maternos modificam-se, mas não o amor. Ao filho de uma certa idade, a Mãe já permite a punição, para que haja correção de comportamento e a criança possa crescer em maturidade e virtudes.

Da mesma maneira o Nosso Senhor age conosco, com toda equidade e bondade. Portanto, Cristo é a Mãe da nossa Natureza humana pela ação da Graça e, pela ação do Amor, é a Mãe da nossa Natureza espiritual. E o Seu desejo é um só: que o nosso amor esteja centrado Nele.

Assim eu percebi que a nossa dívida para com a Paternidade e Maternidade de Deus é quitada quando amamos sinceramente a Deus – pois é Cristo que faz este amor crescer em nós. Isto me foi revelado em todas as Visões, em particular quando Ele disse: *"Eu Sou Aquele a Quem tu amas"*.

CAPÍTULO LXI

"É por meio das nossas quedas que atingimos uma percepção mais elevada e maravilhosa do amor de Deus. Este amor é tão forte e extraordinário que não pode, ou jamais poderá, ser despedaçado por qualquer transgressão."

Ao dar à luz o nosso espírito, nossa Mãe nos guarda com uma ternura sem igual. Nossa alma é um tesouro inestimável aos olhos de Deus, e assim Ele incita a nossa compreensão, guia o nosso caminho, tranquiliza a nossa consciência, conforta a nossa alma, ilumina a nossa mente e nos inspira a amar tudo o que Ele ama e a nos agradar de tudo o que O agrada – à medida que conhecemos e amamos a sagrada Essência Divina, a doce humanidade de Cristo e a Sua Santa Paixão, sempre nos maravilhando com a Sua sublime e inigualável misericórdia.

Quando caímos, Deus se apressa a nos reerguer, nos acalmando com o Seu chamado amoroso e o Seu toque compassivo. E quando estamos então fortalecidos pela Sua ação em nossa vida, decidimos, conscientemente, servi-Lo e ser os Seus amados pelos séculos sem fim.

Porém, às vezes, Deus consente que caiamos ainda mais baixo e mais duramente do que jamais caímos – ou pelo menos assim nos parece. Quanto isto acontece, nós, ainda tão insensatos, nos sentimos como se não houvéssemos conseguido nada e que toda a nossa jornada espiritual tem sido uma ilusão. Todavia esta não é a realidade. Nós precisamos cair às vezes – e precisamos perceber e sentir o nosso fracasso. Se tal não acontecesse, não saberíamos quão frágeis e infelizes somos se deixados à nossa própria mercê, e tampouco entenderíamos, verdadeiramente, o quanto o nosso Criador nos ama. Quando chegarmos ao Céu, veremos, com clareza, que de fato pecamos dolorosamente nesta vida. Entretanto, a despeito disso, o amor de Deus por nós nunca diminui, ou nós nos tornamos menos preciosos aos Seus olhos.

É por meio dos nossos erros e tribulações que atingimos uma percepção mais elevada e maravilhosa do amor infinito de Deus. Este amor é tão forte e extraordinário que não pode, ou jamais poderá, ser despedaçado por qualquer transgressão. Esta compreensão é um dos benefícios das nossas quedas.

Outro benefício é a modéstia e o despojamento resultantes da contemplação dos nossos erros, porque é a humildade de espírito que nos conduz ao Céu, por um caminho que nunca descobriríamos de outra maneira. É isto que precisamos entender quando em meio aos nossos fracassos, porque se não o entendemos, nossos reveses não nos seriam de proveito algum. Não obstante, costumamos cair primeiro e só depois perceber que sempre estivemos seguros, guardados dentro da Misericórdia de Deus.

Quando é para o próprio bem do filho, a mãe lhe permite cair às vezes, e experimentar a dor. Todavia, em virtude de seu amor, ela jamais desejará expô-lo ao perigo real. Nossa mãe terrena pode não ser capaz de impedir que o filho pereça – ainda que o deseje com todas as forças – mas nossa Mãe Jesus jamais permitirá que Seus filhos pereçam, porque Ele é Todo-Poder, Todo-Sabedoria e Todo-Amor, como ninguém mais pode ser. Louvado seja Deus!

Porém, não raro, quando nos defrontamos com os nossos erros e sofrimentos, nos sentimos tão terrivelmente assustados e tão envergonhados de nós mesmos, que mal nos sustentamos de pé e não sabemos onde nos esconder. Entretanto, nossa Mãe compassiva não nos quer afastados de Si, pois nada Lhe seria mais detestável. O que Cristo almeja é que ajamos como o filho que, aflito ou temeroso, corre o mais rápido possível para junto de sua mãe em busca de socorro. E então, com a humildade de uma criança, Lhe diz: *"Minha Mãe compassiva, bondosa e amada, tem misericórdia de mim. Errei e não sou mais como Tu, e não sei, nem me sinto capaz, de me levantar, senão com a Tua ajuda e a Tua graça"*.

Se os nossos medos não são imediatamente sossegados é apenas porque Cristo, nossa Mãe judiciosa, sabe que é para o nosso próprio bem chorar e lamentar as nossas adversidades um pouco mais e então, cheio de compaixão e piedade, Ele nos concede esse tempo.

Deus também quer que nos entreguemos confiantes à Fé da Santa Madre Igreja, que nela encontremos o conforto do verdadeiro Entendimento e que estejamos em comunhão com Todos os Santos. Uma pessoa sozinha pode se sentir, muitas vezes, como se estivesse despedaçada, mas o Corpo da Igreja reunido não se fragmentará jamais. Esta é a razão de ser algo bom estar humilde e profundamente unido à Santa Madre Igreja, que é o Corpo do Cristo Jesus. Porque o alimento da misericórdia – os preciosos Sangue e Água de Cristo – jorram abundantes, nos fazendo belos e puros. As feridas sagradas do nosso Salvador estão abertas e se rejubilam ao nos oferecer a cura; e as mãos amorosas de nossa Mãe estão sempre prontas a cuidar de nós.

Toda a ação de Cristo é semelhante àquela de uma Cuidadora, cujo único propósito é zelar pelo bem-estar e segurança da criança.

O ofício de Cristo é nos salvar, a honra de Cristo é fazê-lo e a Sua vontade é que o percebamos. Porque Ele deseja que O amemos com ternura e Nele confiemos humilde e fervorosamente. E é o que Cristo nos revelou com estas Suas palavras: *"Eu te guardarei na mais completa segurança"*.

CAPÍTULO LXII

"Deus é o Verdadeiro Pai e a Verdadeira Mãe da nossa Natureza humana."

Durante esta Visão Cristo me mostrou nossa fragilidade e nossos fracassos, nossas aflições e negações, o nosso autodesprezo e os nossos fardos, e todas as angústias que poderíamos experimentar nesta vida.

Mas, em meio a tudo isso, Ele também me revelou o seu Poder, Sabedoria e Amor sagrados. Nas nossas horas difíceis Deus nos guarda tão terna e serenamente quanto nos momentos em que nos sentimos mais felizes e confortados, pois esta é a Sua honra, sempre nos defender. Assim, Ele nos eleva espiritualmente ao Céu e transforma todos os nossos sofrimentos em Sua glória e em nossa alegria sem fim. Seu amor nos protege e nada, em nossa vida, é jamais perdido.

Tudo isto procede da Essência Divina por meio da ação da Sua Graça, pois a Misericórdia é a Essência de Deus. Ele é o Fundamento, a Substância, a Essência de toda a realidade, o Verdadeiro Pai e a Verdadeira Mãe da Natureza humana.

Tudo o que existe flui da Substância de Deus para realizar o Seu Projeto e, quando a humanidade é salva pela graça, todas as coisas são restauradas segundo os Desígnios Divinos.

Algo da Essência de Deus está entranhado na Criação e nas criaturas, entretanto apenas nos seres humanos a Sua Substância é expressada em toda plenitude, com toda a sua força e beleza, em toda a sua bondade, nobreza e dignidade, com toda a majestade, preciosidade e honra. Estamos todos nós completamente vinculados a Deus em razão de nossa natureza primordial e também pela Graça que nos resgatou. Não precisamos buscar longe para descobrir a Substância de Deus manifesta no mundo que nos cerca; pelo contrário! Nós a achamos pertinho de nós, no seio da Santa Madre Igreja – ou seja, em nossa própria alma, onde Cristo habita. Ali encontramos agora toda a fé e compreensão e, no deleite do Céu, enfim contemplaremos Deus face a face.

Todavia, não devemos nos envaidecer com as virtudes Divinas existentes em nós, como se pertencessem particular e unicamente a nós. Tais atributos originam-se de Deus – desde a Criação – e derramam-se sobre todos nós por intermédio de Cristo, a fim de que toda a humanidade possa partilhar da Sua dignidade e honra e exultar na alegria da salvação, pois este é o Projeto que Ele concebeu e desejou desde antes do início dos tempos.

CAPÍTULO LXIII

"Tão verdadeiramente quanto impuro, o pecado é contrário à nossa índole – uma doença ou algo monstruoso que afronta a nossa natureza."

"Ele irá nos curar plenamente."

Aqui nós podemos perceber, com clareza, que odiamos o pecado, tanto em razão de nossa Índole quanto pela ação da Graça, porque a natureza humana é essencialmente boa e bela. A Graça Divina se derrama sobre nós para proteger a nossa Natureza e aniquilar o pecado, nos reconduzindo, assim, ao sagrado Ponto Primordial – Deus – ainda mais dignos e honrados em virtude da ação da Graça. Todos aqueles que estão na Presença de Deus, todos os Seus Santos, já na plenitude da alegria, verão que a Natureza humana tem sido testada no fogo das tribulações sem que nela houvesse sido encontrada qualquer falha, ou imperfeição. Portanto, a Natureza humana e a Graça estão em harmonia, porque a Graça é Deus e a Natureza humana é Deus. Ele age de duas maneiras, mas o amor Divino é um só, indivisível. Natureza e Graça não podem ser separadas; pois operam em conjunto.

Quando, pela Misericórdia de Deus e com o Seu auxílio, a nossa Natureza e a Graça se harmonizam, somos capazes de enxergar, nitidamente, que o pecado é mais vil e doloroso do que o próprio inferno, porque se opõe à nossa nobre índole. O pecado não é apenas sombrio e sórdido, mas antinatural. Este é o porquê de ser algo terrível de ser contemplado por uma alma bem-amada, cuja aspiração é permanecer bela e radiante aos olhos de Deus, conforme os desígnios da Natureza e da Graça.

Porém, não devemos nos deixar amedrontar por isso – exceto até o grau em que o receio nos ajude a crescer. Devemos, sim, humildemente, levar nossas angústias à nossa Mãe amada, o Cristo, e Ele nos aspergirá com o Seu precioso Sangue, tornando dócil e compassiva a nossa alma. Então, no decorrer do tempo, somos curados e revestidos de beleza para que possamos glorificar a Deus e nos rejubilarmos por todo o sempre.

Cristo jamais deixará de agir em nós, ou irá deter-Se, até que todos os Seus filhos amados sejam gerados e trazidos à vida plena – É o que Ele me revelou na Visão de Sua Sede Espiritual, a Sua ânsia de amor que perdurará até o fim dos tempos.

Assim, a nossa vida está fundamentada em nossa Verdadeira Mãe, Jesus; alicerçada em Seus Desígnios sábios, prescientes e imemoriais, e fortalecida pela Bondade suprema do Espírito Santo.

Ao assumir a nossa condição humana, Cristo nos restituiu a vida e, ao morrer na Cruz, Ele nos fez nascer para a vida eterna. Assim me foi revelado na Visão sobre a Sua Sede Espiritual e o seu anseio infinito de que O amemos.

Desde então, e para sempre, Cristo nos alimenta e nos socorre, com a mesma intimidade suave da mãe que atende às necessidades de Seus filhos.

Formosa e doce é a visão de nossa Mãe Celestial aos olhos de nossa alma; e preciosos e amorosos somos nós, Seus filhos, aos olhos de nossa Mãe, Jesus Cristo. Ele vê nossa delicadeza, humildade e todas as nobres qualidades que a mãe humana enxerga em seus filhos. Por sua vez, os filhos não se desesperam e confiam no amor de sua mãe humana; eles se entregam ao amor de sua mãe e também amam os seus irmãos. Estas são as nobres virtudes que muito honram e agradam a Mãe Celestial.

Não conheço nenhuma fase da vida em que sejamos mais frágeis, impotentes e imaturos do que na infância. Até o momento em que nossa Mãe compassiva nos alça à Felicidade do Pai, quando enfim compreenderemos, verdadeiramente, Suas doces palavras: *"Tudo ficará bem; e tu verás por ti mesma que todas as coisas ficarão bem"*.

Então a Felicidade de nossa Mãe, em Cristo, recomeçará renovada na Alegria de Deus Pai, e este Júbilo Divino continuará a ser renovado por todos os séculos dos séculos.

Desta maneira compreendi que todos os abençoados filhos de Deus serão gerados para a vida natural pela Mãe Divina e então, pela ação da Graça, reconduzidos a Deus.

DÉCIMA QUINTA REVELAÇÃO

CAPÍTULO LXIV

"Tu serás elevada mais alto."

Eu costumava almejar que Deus me concedesse a dádiva de ser arrebatada desta vida terrena, pois testemunhar, com tanta clareza e frequência, as aflições do mundo só me faziam pensar na ventura e felicidade reinantes no Céu. Ainda que não existisse nenhuma outra dor nesta vida, exceto a ausência de Nosso Senhor, às vezes parecia-me mais do que me julgava capaz de suportar. Sentia-me tão cheia de amargura, que ansiava conhecer o mundo que haveria de vir. Minha própria infelicidade, indolência e fraqueza eram fardos pesados demais para carregar.

Em meio a todos esses sentimentos, o Nosso Senhor respondeu-me com estas serenas palavras de conforto: *"De súbito, tu serás arrebatada de toda a tua dor, doença, desespero e angústia. Tu serás elevada mais alto e terás a Mim como recompensa e assim serás saciada de amor e contentamento. Tu jamais voltarás a experimentar qualquer tipo de sofrimento, ou serás abatida por doenças ou aflições; tampouco a morosidade irá enfraquecê-la, porque tu conhecerás a alegria e a felicidade sem fim. Por que, então, te atormentaria tanto enfrentar as inquietações temporárias deste mundo, sendo elas a Minha vontade e para Minha honra?"*

Estas palavras – *De súbito, tu serás arrebatada...* – me permitiram compreender que Deus nos recompensa por aguardarmos, pacientes, a realização da Sua vontade e que esta paciência se amplia e se aprofunda no decorrer de nossa vida. Não saber quanto tempo viveremos nos é benéfico porque, se soubéssemos exatamente quando deixaríamos este mundo, não precisaríamos da paciência que necessitamos agora. Deus deseja que, enquanto nossa alma habitar nosso corpo, nos sintamos sempre prestes a ser arrebatados. Na verdade, toda a nossa vida, toda a languidez que experimentamos aqui são, de fato, momentâneas e quando formos, de súbito, lançados do sofrimento à felicidade, toda a nossa dor desaparecerá na mera insignificância.

Neste ponto da Revelação, vi um corpo caído no chão, tão inchado, disforme e medonho, e em tal estado de decomposição, que mais se assemelhava a um monte de lama fétida. Mas de repente, uma Criança pequenina, linda, adorável, de aparência perfeita, ágil e vivaz, mais alva que o lírio, salta de dentro do corpo putrefato e ascende ao céu. A decomposição do corpo simboliza nossa carne mortal, e a Criança pequenina representa a absoluta pureza da nossa alma.

Descobri-me, então, pensando: *"Não consigo ver nada da beleza da Criança neste corpo – e também não posso ver na Criança nenhum vestígio deste corpo decomposto".*

A alegria é muito maior quando somos arrancados da dor do que quando a dor é tirada de nós – porque a dor que nos é tirada pode voltar. Portanto, para uma alma amorosa, é um consolo ímpar e uma felicidade abençoada saber que seremos desarraigados da dor. Esta Divina Promessa me permitiu perceber a compaixão misericordiosa que Nosso Senhor tem de nossas aflições. Deus quer que sejamos confortados pela promessa da alegria e plenitude eternas que nos aguardam. Assim me fizeram compreender estas Suas palavras: *"Tu serás elevada mais alto e terás a Mim como recompensa, e tu serás saciada de amor e contentamento".*

O intento de Deus é que, com o auxílio da Sua graça, concentremos nossos pensamentos neste conceito jubiloso com tanta frequência e por tanto tempo quanto formos capazes. Abrir espaço em nossa vida para abrigar esses pensamentos tanto abençoará nossa alma quanto glorificará a Deus.

E quando, em razão da nossa fraqueza, tornarmos a cair na letargia e cegueira espiritual, quando formos novamente afligidos pelas dores físicas ou espirituais, Deus quer que saibamos que não somos jamais por Ele esquecidos. Este é o significado desta Sua asserção: *"E então tu nunca mais experimentarás qualquer tipo de sofrimento, nada irá abatê-la — nem doenças ou aflições — ou o desânimo irá fragilizá-la. A alegria e a felicidade serão tuas para sempre. Sabendo do que está à tua espera, por que tu te angustiarias com as tribulações temporárias deste mundo, sendo elas a Minha vontade e para a Minha honra?"*

O desejo de Deus é que aceitemos Suas promessas e Seu consolo de todo o coração e com todo o fervor. Também é Seu desejo que aceitemos as nossas tribulações e inquietações tão levemente quanto possível e as consideremos insignificantes, porque quanto menos importância lhes dermos — por causa do amor —, menos dolorosas serão quando as experimentarmos e maiores serão a gratidão e a recompensa que receberemos no Céu.

CAPÍTULO LXV

"O Amor de Deus gera tamanha unidade que, quando nos enxergamos verdadeiramente, nenhum de nós pode se ver separado do outro."

Quando, por amor a Deus, nós nos empenhamos em O escolher nesta vida, podemos ter certeza absoluta de que somos infinitamente amados em troca, e que este amor incondicional amplia a ação da Graça em nossa existência. Deus quer que nos agarremos a esta convicção com confiança, que estejamos agora tão seguros da alegria que nos aguarda no Céu quanto estaremos quando lá estivermos.

E quanto mais prazer e contentamento encontrarmos nesta certeza – fortalecidos pela reverência e humildade – mais agradamos ao Nosso Senhor.

A *reverência* a que me refiro é o respeito, o temor saudável e deferencial de Nosso Senhor, ao qual a humildade se acha entrelaçada. Em outras palavras, nós percebemos quão assombrosamente grande é Deus e quão assombrosamente pequenos somos nós.

Tal senso de perspectiva nos permite sentir a Presença Divina em nossa vida e esta Presença é tudo pelo que mais ansiamos, porque fortalece a nossa fé e assevera a nossa confiança. Por esta razão, o assombro e a reverência, quando alicerçados num amor imenso, se convertem em alimento doce e delicioso para a nossa alma.

O desejo de Deus é que eu me veja tão unida a Ele no amor como se já houvesse sido inteiramente resgatada e alçada ao Céu. É desta maneira que deveríamos, cada um de nós, pensar em nosso Divino Amado. E mais, o amor de Deus gera tamanha unidade, que não podemos nos separar uns dos outros. Assim cada alma compreende que tudo o que Deus fez, foi por ela somente.

O Senhor me concedeu esta Visão a fim de que o nosso amor por Ele possa crescer e os nossos medos decrescerem. Enquanto estivermos impregnados de deslumbramento diante do Divino não seremos subjugados por nenhuma outra força. Deus quer que percebamos que todo o poder do Inimigo está confinado na Sua mão, a mão do nosso Amigo. Este é o porquê de não termos o que recear, exceto Deus, a quem amamos. Todos os outros medos são causados por nossas emoções, por nossa condição física e imaginação. Por este motivo, mesmo quando o nosso sofrimento, angústias e aflições são tantos que não conseguimos nos concentrar em coisa alguma, exceto nos nossos próprios sentimentos, podemos ter certeza de que essas sensações nada significam e, tão logo quanto somos capazes, as superamos e consideramos irrelevantes. E por quê? Porque Deus almeja que O conheçamos, pois, se O conhecermos, se O amamos e sentimos por Ele um temor reverente, teremos paz e encontraremos um profundo repouso, porque tudo o que Deus realiza é para o nosso prazer e alegria. Isto o Senhor me mostrou com estas Suas palavras: *"Por que tu te preocuparias com as aflições temporárias deste mundo, quando é a Minha Vontade e para a Minha honra?"*

Descrevi, até agora, as Quinze Visões que o Senhor me agraciou, renovadas, ao longo dos anos, através de esclarecimentos e inspirações – confio que procedentes do mesmo Espírito que as mostrou a mim. A Primeira das Quinze Visões começou bem cedo, por volta das quatro horas da manhã, e as outras foram se sucedendo – como se fosse uma bela e solene procissão – até um pouco além das três horas da tarde.

CAPÍTULO LXVI

"Tudo findou, e nada mais vi."

"Na minha insensatez, por causa de algumas dores físicas, perdi, durante certo tempo, o consolo de todas as Visões abençoadas de Nosso Senhor Deus."

Depois disso, na noite seguinte, o nosso bom Senhor me concedeu a Décima Sexta Visão, que concluiu e confirmou as Quinze anteriores.

Porém, antes de descrever a Décima Sexta Revelação, considero-me na obrigação de lhe falar da minha fraqueza, infortúnio e cegueira. No início, afirmei: *"Então toda a minha dor me foi subitamente arrancada"*. E esta dor não me causou nenhuma tristeza ou aflição enquanto as Quinze Visões sucediam-se, uma após outra. Entretanto, finda a Décima Quinta Revelação, minha vista turvou-se.

Embora soubesse que iria viver, a despeito da minha extrema debilidade, a enfermidade voltou a apoderar-se de mim. Primeiro senti um latejar e um zumbido ensurdecedor na cabeça e logo a doença tornava a invadir meu corpo inteiro. No mesmo instante senti-me espiritualmente estéril e árida, como se jamais pudesse experimentar algum consolo.

Como uma criatura infeliz, chorei e me lamentei, subjugada pelas dores físicas e pelo desconforto emocional.

Ao me visitar, um monge perguntou-me como eu estava passando. Respondi-lhe que "delirante", e ele riu alto, com genuíno deleite.

– Eu vi a Cruz diante de mim e achei que estivesse sangrando abundantemente – falei.

Ouvindo-me, o religioso silenciou-se, uma expressão de assombro toldando-lhe as feições.

Embaraçada e espantada com a minha própria declaração descuidada, refleti: *Este homem está levando cada uma das minhas palavras a sério*. E assim, calei-me. Entretanto, o monge referiu-se ao meu comentário com tamanha reverência e respeito, que fiquei envergonhada. Depois que ele saiu, chorei muito, ansiando confessar-me. Todavia, naquele momento, não me sentia capaz de contar nada ao sacerdote porque um único pensamento me atormentava: *Como o padre acreditaria em mim quando eu mesma dissera estar delirando, deixando claro as minhas dúvidas sobre a manifestação de Nosso Senhor Deus?*

Eu acreditei nas Visões enquanto transcorriam e, em meio a essa experiência, sempre fora meu desejo e intenção jamais duvidar do que testemunhara. No entanto, como uma tola, permiti que este propósito se apagasse da minha mente. Quão desventurada fui! Cometi um pecado, uma grande descortesia para com Nosso Senhor, por causa de algumas dores físicas. Na minha insensatez, perdi, durante certo tempo, o consolo que o Nosso Senhor Deus me havia oferecido por meio das Suas Revelações. Estou lhe contando tudo isso para que você possa me enxergar como realmente sou.

Porém, ainda assim, o nosso Deus compassivo não me abandonou à minha própria tolice. Permaneci deitada e em silêncio o dia inteiro, confiante na misericórdia divina, até adormecer.

Imediatamente sonhei com o Inimigo, debruçado sobre o meu pescoço. Seu rosto, quase encostado ao meu, era jovem, mas tão comprido e esquálido que parecia distorcido. Eu nunca vira nada igual. Sobre a pele – de um vermelho terroso como tijolos recém-queimados – espalhavam-se manchas negras, similares a buracos mais imundos que a fuligem desprendida da lareira. Seus cabelos, tosados na frente e com mechas grossas nas têmporas, tinham a cor de ferrugem. Ele rosnou para mim arreganhando os dentes brancos, sua expressão perversa tornando-o ainda mais repulsivo. Seu corpo não era definido, entretanto as mãos, semelhantes a patas de animal, me seguravam pela garganta, prontas para me estrangular se tal coisa lhe fosse possível.

Diferentemente das outras Revelações, que sucederam enquanto eu estava acordada, esta Visão horripilante aconteceu durante o sono. Mas, mesmo enquanto sonhava, confiei que a misericórdia de Deus iria me proteger, resgatar – e o Nosso Senhor amoroso me concedeu, então, a graça de acordar. As pessoas à minha cabeceira se inclinaram sobre mim e puseram um pano úmido sobre a minha testa. Estava começando a relaxar quando vi fumaça junto à porta, acompanhada de um calor intenso e um odor nauseante.

– *Benedicite domine!* – exclamei. – Tudo aqui está em fogo!

Julguei que era um incêndio e que todos nós morreríamos queimados.

– Vocês não estão sentindo o cheiro fétido? – indaguei àqueles ao meu redor.

– Não – eles me tranquilizaram. Ninguém sentira ou percebera nada.

– Louvado seja Deus! – bradei, pois sabia que fora o Inimigo que viera novamente me atormentar.

Todavia, desta vez, voltei-me inteiramente para tudo o que o Nosso Senhor me mostrara naquele dia e me amparei na Fé da Santa Igreja – pois eu considerava minhas Visões e os ensinamentos da Igreja um só – e me agarrei às Revelações em busca de conforto.

Não tardou para que a visão do Inimigo desvanecesse e eu me sentisse em paz e no mais completo repouso, livre da doença do corpo e do medo da alma.

DÉCIMA SEXTA REVELAÇÃO

CAPÍTULO LXVII

"Do lugar único que ocupa em nossa Alma, Jesus jamais será desarraigado pelos séculos sem fim porque é em nós que Ele encontra o Seu lar mais aconchegante, a Sua eterna morada."

"Nossa alma não pode nunca encontrar repouso nas coisas que estão aquém da sua própria essência – mas, ainda assim, não pode se ater à autocontemplação."

E então Nosso Senhor, abrindo-me os olhos espirituais, me mostrou minha alma, encravada no meu Eu mais profundo.

A vastidão da minha Alma era tal que se assemelhava a um mundo infinito, a um reino abençoado, a uma Cidade de imensurável valor.

Sentado no centro desta Cidade, trajado de glória, está Jesus Cristo, verdadeiro Deus e verdadeiro Homem, uma Pessoa bela, de elevada estatura, excelso Sacerdote, Rei solene e honroso Senhor.

Digno de reverência, Ele se assenhoreia de nossa Alma, nos conduzindo à paz e ao repouso.

A Divina Essência – o Poder supremo, a suprema Sabedoria e a suprema Bondade – guia, sem esforço, o Céu, a Terra e todas as coisas, fazendo brotar a vida em tudo. Porém, do lugar único que ocupa em *nossa Alma,* Jesus jamais será desarraigado pelos séculos sem fim, porque é em nós que Ele encontra o Seu lar *mais aconchegante*, a Sua *eterna* morada.

Nesta Visão Cristo me mostrou o Seu contentamento ao gerar a Alma do Homem. Porque da mesma forma que o Pai tinha o poder de conceber o ser humano, o Filho tinha o conhecimento para criá-lo e o Espírito Santo o desejo de que fossem muitas as almas geradas. E assim se fez.

Portanto, para todo o sempre, a Trindade se regozija na criação da Alma humana, pois Deus sabe o que mais O apraz e a Alma do homem é o que mais O deleita desde antes do início dos tempos e por toda a eternidade.

Tudo o que Deus tem realizado revela o Seu Senhorio e a Sua Proteção. Tal entendimento ocorreu-me por meio da imagem de uma criatura pequenina levada a apreciar a grande nobreza e os reinos pertencentes ao seu Senhor. Depois de haver visto tudo isso, ainda maravilhada, essa criatura simples soube que nunca seria feliz vivendo em outro lugar que não fosse perto de seu Senhor. Compreendi, então, que a nossa alma jamais encontrará repouso enquanto buscar conforto em coisas que estão aquém da sua própria essência. O nosso Eu mais profundo é a obra mais sublime da Criação e, entretanto, não podemos permanecer na contemplação deste nosso Eu por muito tempo porque, quando olhamos para nós mesmos, enxergamos Deus, o nosso Criador, vivendo dentro de nós, pois a Alma do Homem é a Sua verdadeira morada. A Luz mais intensa e radiante que brilha da Cidade do Eu é o esplendor do amor glorioso de Nosso Senhor.

E o que pode nos fazer exultar mais na Trindade Santa do que vislumbrar o Seu júbilo em nós, que somos o apogeu da Sua Criação?

Porque, nesta mesma Revelação, percebi que se a Alma do Homem pudesse ter sido criada melhor, mais bela ou mais nobre do que é, não haveria agradado tanto a Deus. Nós somos exatamente como Deus quer que sejamos e o anseio Dele é que nos ergamos acima das profundezas da Terra e das dores vãs para nos regozijarmos na Sua alegria.

CAPÍTULO LXVIII

"Cristo não disse: tu não serás tentado, tu não enfrentarás tribulações, tu não te angustiarás."
"Mas Ele disse: tu não serás subjugada."

Esta Visão prazerosa proporcionou-me uma serenidade *sem fim*. Que nos debrucemos sobre esta Revelação enquanto ainda neste mundo muito agrada a Deus, e nos é de grande auxílio. A alma que contempla Deus se torna semelhante a Ele e, em virtude de Sua graça, Nele encontra paz e repouso. Experimentei uma alegria e uma felicidade ímpares quando vi Jesus *sentado*, porque tal posição sugere permanência e morada eterna.

Por meio desta Revelação, Deus me concedeu o firme conhecimento de que fora Ele quem, verdadeiramente, me agraciara com cada uma das Visões anteriores. E quando a isto dei minha completa atenção, nosso bom Senhor me falou, gentil e silenciosamente, como já o fizera antes: *"Saibas que tu não estavas delirando quando tivestes estas Visões. Acolhe-as e crê nelas, conserva-te imersa nelas e delas tira o teu consolo. Confia-te a elas – e tu não serás subjugada"*.

Estas Últimas Palavras me foram ditas para me afiançar ter sido o Nosso Senhor Jesus Aquele que, realmente, me mostrara tudo. A primeira vez que Ele se manifestara – na Revelação concernente à Sua Sagrada Paixão – ouvi-o afirmar: *"E assim o diabo foi subjugado"*. Da mesma forma, Suas últimas palavras nos asseguram, a cada um de nós, que estamos mergulhados na mais absoluta segurança: *"Tu não serás subjugada"*.

Os ensinamentos que recebi através destas Visões – e o genuíno conforto que nelas encontrei – não foram dirigidos apenas a mim, pois a vontade de Cristo é que todos os seus seguidores os conheçam.

A asserção, *Tu não serás subjugada*, foi feita com força e determinação para que, diante das provações e tribulações, possamos nos sentir confortados e reassegurados.

Cristo não disse: *"Tu não serás tentado, tu não enfrentarás tribulações, tu não te angustiarás"*. Mas Ele disse: *"Tu não serás subjugada"*.

Deus quer que prestemos atenção a essas Suas palavras, a fim de que a nossa confiança seja solidificada, tanto na tristeza quanto na alegria. Porque Ele nos ama e Se deleita em nós e a Sua vontade é que também O amemos, Nele nos rejubilemos e encontremos repouso na Sua fortaleza.

Logo depois, esta Revelação chegou ao fim e nada mais vi.

CAPÍTULO LXIX

"Eu fui resgatada das mãos do Inimigo em virtude da Paixão de Cristo."

Em seguida, o Inimigo retornou com o seu calor abrasador e odor fétido, causando-me preocupação e ansiedade. O fedor, de tão repulsivo, chegava a ser doloroso e o calor medonho me enervava. Escutei um burburinho, como se duas pessoas estivessem falando ao mesmo tempo, discutindo e trocando insultos. Porém o palavrório soava abafado e não consegui entender nada do que diziam.

Entretanto, o desespero invadiu-me, pois me pareceu que as vozes — ao recitarem as preces da boca para fora, grosseiramente, sem a devoção piedosa e o empenho judicioso de quem deseja se unir a Deus na oração — ridicularizavam a minha Fé.

Mas Nosso Senhor derramou sobre mim a Sua graça e, confiante Nele, falei palavras de conforto em alta voz para mim mesma, como o teria feito para alguém mergulhado na aflição. Entendi que quando nossos pensamentos estão alvoroçados, isto não significa que o nosso corpo também esteja. Assim, conservei os olhos fixos na Cruz — que tanto consolo me trouxera anteriormente — e ocupei minha língua com a narrativa da Paixão de Cristo e com a profissão de Fé da Santa Igreja. Quanto ao meu coração, eu o encravei em Deus, com toda a minha confiança e toda a minha força.

Logo refleti: *Agora tua mente está entretida com a tua Fé, portanto, tu não serás subjugada pelo teu Inimigo. Se, daqui em diante e para sempre, tu puderes manter teus pensamentos ocupados a ponto de te salvaguardares do pecado, esta será, de fato, uma suprema e valiosa ocupação!* Compreendi então que se eu não afastasse meus pensamentos de Deus, estaria completamente a salvo de todos os demônios do Inferno e de todos os inimigos da minha alma.

E desta maneira passei a noite. Às seis horas da manhã seguinte, as vozes enfim se calaram, não deixando vestígios atrás de si exceto o mau cheiro, que permeou o ar por mais alguns instantes. Eu ri, desdenhando o Inimigo, pois sabia que havia sido resgatada de suas mãos em virtude da Paixão de Cristo, porque *o Inimigo fora subjugado,* como o Nosso Senhor Jesus Cristo afirmou que seria.

CAPÍTULO LXX

"No meu entendimento, não há, nesta vida, bem algum acima da Fé, e sem a Fé não há socorro para a alma."

No decorrer de toda esta Revelação abençoada, Nosso Senhor me permitiu entender, através da Sua boa vontade e graça, que as Visões iriam desvanecer e que eu precisaria me amparar na Fé para mantê-las vivas. As Visões não me deixaram nenhum sinal ou prova para atestar sua veracidade, exceto as palavras benditas de Deus, de que nelas eu devia confiar. E assim o faço!

Louvado seja o Senhor!

Acredito que as Revelações procederam Daquele que nos salvou e que são consistentes com a nossa Fé e, por conseguinte, regozijo-me nesta crença.

Ancorei minha vida nestas Visões, sendo este o propósito de Cristo ao me urgir: *"Guarda-te dentro de tudo o que te mostrei. Encontra conforto e confia em tudo o que vistes"*. Portanto, sinto-me impelida a considerar como parte permanente da minha Fé tudo aquilo que presenciei.

Porque no mesmo dia em que as Visões me foram concedidas, tão logo se dissiparam, eu, como uma pária infeliz, renunciei ao que testemunhara declarando, abertamente, que apenas delirara por causa da febre.

Entretanto o Nosso Senhor Jesus, em razão de Sua misericórdia, não permitiu que as Visões sucumbissem, mas tornou a mostrá-las aos olhos da minha alma ainda mais vívidas e completas, banhadas pela luz sagrada do Seu Amor precioso. Com voz terna e vigorosa, Ele reiterou: *"Tem certeza absoluta de que o que tu viste hoje não foi nenhum delírio"*. Era como se O ouvisse dizendo-me: *"As Visões que te ocorreram se esvaneceram porque tu não soubeste como preservá-las. Presta toda a atenção agora que as compreendes, porque então delas irás lembrar-te".*

Esta mensagem não se destinava somente àquele momento específico, e sim à minha vida inteira, pois minha Fé se enraizaria nestas palavras. Em seguida, escutei o Senhor insistir: *"Aceita o que tu testemunhaste, crê, permanece imersa nas Revelações, encontra conforto no que viste e confia-te àquilo que presenciaste; e tu não serás subjugada".*

O intuito desta Sua exortação – *Aceita o que tu testemunhaste etc."* – é nos levar a entender que devemos guardar, fielmente, tudo o que nos foi revelado em nossa mente e em nosso coração, a fim de que permaneça conosco até o fim de nossa vida e para além da nossa morte, já na plenitude da alegria. Sabendo quão Misericordioso e Suave é o Senhor, podemos confiar nas Suas promessas.

São muitas as coisas que se opõem à nossa Fé – nossa própria cegueira e os inimigos espirituais que nos espreitam, interior e exteriormente. Porém o nosso Amado derrama Sua luz sobre os nossos olhos espirituais e nos ensina – tanto através de nossas experiências interiores quanto das circunstâncias externas – como podemos conhecê-Lo. Seja qual for a maneira como o Senhor nos ensina, o Seu desejo é que abramos os nossos olhos e a nossa mente para perceber Sua presença, que O recebamos docemente em nossa vida e que nos conservemos unidos a Ele na Fé. Porque, no meu entendimento, não há, nesta vida, bem algum acima da Fé e, sem a Fé, não há socorro para a alma.

Apenas na Fé podemos viver mergulhados na segurança de nosso Deus. É em virtude de Sua bondade e de Sua ação que somos protegidos e, com a Sua permissão, testados em meio a batalhas espirituais, mas delas saímos fortalecidos.

Sem essas batalhas, sem que encontrasse oposição, nossa Fé pouco significado teria e não mereceria recompensa alguma. Assim é como compreendi este ensinamento de Nosso Senhor.

CAPÍTULO LXXI

"Três expressões perpassam o Semblante de Nosso Senhor."

Feliz, contente e suave é a Sagrada Face que o Senhor volta para nós, porque estamos sempre envoltos por Seu olhar amoroso e o Seu anseio é que *nossa* alma também O contemple com alegria, pois esta é a Sua recompensa. Portanto, tenho a esperança de que, pela ação da Graça Divina, o nosso semblante exterior possa refletir a nossa atitude interior e que, unidos a Deus e aos nossos semelhantes, vivamos na verdadeira e eterna alegria que é Jesus.

Três expressões perpassam o Semblante de Nosso Senhor.

A Primeira é a Face da Paixão, Aquela que Ele nos desvendou quando Sua vida se esvaía na Cruz. Embora triste e angustiada, Sua fisionomia é também radiante de alegria, porque Cristo é Deus.

A Segunda expressão de Seu Rosto é marcada pela compaixão e piedade, e Ele assim Se revela a todos os Seus amados necessitados da Sua misericórdia.

A Terceira expressão de Sua Face Santa é de Bem-aventurança e esta – a que irá perdurar por todos os séculos dos séculos – eu a observei com mais frequência e por mais tempo.

Assim, nos nossos momentos de sofrimento e aflição, Cristo nos mostra a Face de Sua Paixão na Cruz, e Sua força nos ajuda a suportar o peso da nossa própria dor.

Quando nos sentimos separados de Deus pelo pecado, Ele nos mostra a Sua Face compassiva e piedosa, guardando-nos em segurança com o Seu poder e nos defendendo dos nossos inimigos. Nesta vida, estas são as duas expressões de Seu Semblante que mais costumamos perceber, no entanto, ambas estão amalgamadas a uma terceira.

E esta terceira é a Sua Face Bem-aventurada que, embora a entrevejamos na Terra, só a veremos em plenitude no Céu.

Nossa vida na Terra é repleta de inspirações da Graça e de vislumbres da Luz Divina, que guiam nossa Fé nos caminhos da esperança e do amor, da contrição e devoção. À medida que abrimos espaço em nossa vida para a contemplação de Deus, conhecemos o verdadeiro consolo e a verdadeira felicidade.

CAPÍTULO LXXII

"Enquanto estivermos imiscuídos de alguma forma no pecado, nunca veremos claramente a Face Bem-aventurada de Nosso Senhor."

Creio que me cabe agora explicar o meu entendimento de como o pecado, a despeito de mortal, não aniquila as criaturas que o cometem, pois estas vivem, para sempre, na alegria de Deus.

Observei que dois pontos opostos nunca podem coexistir num mesmo lugar. As duas maiores forças antagônicas são a mais sublime felicidade e a dor mais profunda.

A mais sublime felicidade é, verdadeira e eternamente, contemplar a Deus, sentir a suavidade da Sua Presença e Nele experimentar o mais pleno regozijo. Esta é a Face

Bem-aventurada que o Nosso Senhor me mostrou, apenas parcialmente, na Segunda Revelação, quando compreendi que o pecado se opõe de tal forma a Deus que, enquanto estivermos de alguma maneira imiscuídos em qualquer coisa mesmo remotamente ligada ao pecado, não conseguiremos enxergar, com clareza, a Sua Face Bem-aventurada. E quanto mais horríveis e graves são as nossas faltas, mais nos distanciamos desta Visão bendita. Tal é a razão de nos sentirmos, tantas vezes, como se em perigo mortal, como se aprisionados em alguma região do Inferno, porém tamanha tristeza e dor nos são causadas pelo pecado.

E assim permanecemos como se mortos estivéssemos, incapazes de perceber a realidade de nossa própria vida abençoada. Entretanto, não estamos mortos aos olhos de Deus, e jamais a Divina Presença nos abandonará. Todavia a felicidade de Deus em nós nunca será completa até que, ao contemplar Sua Sagrada Face nitidamente, Nele nós também encontremos a completa felicidade. Pois para isso fomos criados e a Graça nos leva a ser quem estamos destinados a ser desde antes de todos os séculos. Por este motivo o pecado é mortal apenas por um curto período de tempo em nossa vida de bem-aventurança sem fim.

Quando, pela ação da Graça amorosa, mais vislumbres temos da Face Bem-aventurada, mais desejamos vê-La em toda a Sua plenitude. Porque ainda que o Nosso Senhor Deus habite em nós e esteja conosco, ainda que nos aconchegue, nos envolva em Seu terno amor e nunca nos deixe, ainda que Ele esteja mais junto de nós do que a nossa língua possa articular, ou a nossa mente conceber, os nossos lamentos, choro e anseio jamais se extinguirão até quando virmos com clareza o Seu Semblante Bem-aventurado, porque é na contemplação desta Visão bendita e preciosa, é perante tanto júbilo, que toda a aflição se cala.

Nesta Revelação entrevi razões para risos e lágrimas. Razões para risos porque o Nosso Senhor, o nosso Criador, está perto de nós, em nós e nós Nele. E este Deus, em virtude de Sua imensurável bondade e fidelidade, nos guarda e protege. Quanto às lágrimas, a nossa visão espiritual é de tal forma obscurecida e nos achamos tão esmagados pelo fardo da nossa carne mortal e do negrume do pecado, que não somos capazes de perceber, com nitidez, a Bem-aventurada Face de Nosso Senhor Deus. Por causa desta visão turva, mal podemos acreditar ou confiar no grande amor de Deus por nós e na constância da Sua proteção. Este é o motivo de o nosso pranto nunca findar. Entretanto, mais do que vertidas por nossos olhos, as lágrimas são, principalmente, derramadas por nossa alma, porque a própria natureza da alma nos faz ansiar ver a Face do Senhor. E é tão intensa e desmesurada essa sofreguidão, que se todos os esplendores criados por Deus no Céu ou na Terra nos fossem dados para o nosso consolo, mas se não contemplássemos o Seu Rosto bendito, a nossa tristeza e o nosso pranto espiritual não cessariam jamais. Portanto, permaneceríamos nesta ânsia dolorosa até o momento em que, verdadeiramente, enxergássemos a Face Bela e Sagrada de nosso Criador. Da mesma forma, se estivéssemos mergulhados no sofrimento mais atroz que a nossa mente pode imaginar e os nossos lábios proferirem, nada nos afligiria se pudéssemos ver o Rosto Bem-aventurado.

Para a alma amorosa, a visão da Face de Deus anula toda a dor espiritual e consuma toda a alegria. Assim Deus o revelou a mim com estas Suas palavras: *"Eu sou o Altíssimo, Eu sou o mais humilde, Eu sou Aquele que é tudo"*.

Há três maneiras de percebermos a realidade: a Primeira é o conhecimento de Nosso Senhor Deus; a Segunda, o conhecimento de nós mesmos – aquilo que somos em nossa essência humana e pela ação da Graça Divina; a Terceira é conhecer a humildade ao nos depararmos com a nossa fraqueza e propensão ao erro.

De acordo com o meu entendimento, as Revelações me foram concedidas para que eu pudesse compreender melhor estas três percepções da realidade.

CAPÍTULO LXXIII

"Padecemos de dois tipos de enfermidades da alma: a impaciência ou a apatia; o desespero ou o medo gerado pela dúvida."

Todos os Seus ensinamentos benditos, Nosso Senhor os transmitiu a mim de três maneiras: através da visão física, através dos meus pensamentos e através da visão espiritual. Em relação às visões físicas, as expus exatamente como as testemunhei; quanto aos meus pensamentos, os relatei com as palavras inspiradas em minha mente por nosso Deus; sobre as visões espirituais, a despeito de haver dito algumas coisas, nunca serei capaz de descrevê-las inteiramente. Entretanto, sinto-me impelida a tentar me estender um pouco mais sobre este tópico, se me for concedida esta graça.

Assim me revelou o Senhor: padecemos de dois tipos de enfermidades da alma: a impaciência ou a apatia – pois lidamos com os nossos reveses e as nossas aflições sombriamente – e o desespero ou o medo gerado pela dúvida. Em *termos gerais*, Deus me mostrou o *pecado* como algo abrangente, que envolve a todos nós, porém, especificamente, Ele não me mostrou nada exceto estas duas enfermidades que nos acometem, visto serem aquelas que mais nos atormentam e angustiam; e o anseio do Senhor é nos curar.

Estou me referindo a todos nós, homens e mulheres que, em virtude do amor de Deus, almejamos realizar a Sua vontade e odiamos o pecado, apesar de inclinados a cometê-lo devido à nossa cegueira espiritual e indolência. Portanto, o intento de Nosso Senhor é que enxerguemos as enfermidades da alma sob essa perspectiva para que, a exemplo do que acontece com os outros pecados, possamos rechaçá-las.

E é por este motivo, para nos ajudar, que Deus nos revelou a paciência com que enfrentou Sua Paixão brutal e também o Seu júbilo e regozijo de tê-La vivido por amor. Ele quer que a Sua experiência nos inspire a suportar nossas tribulações de bom grado e sabiamente, porque tanto isto muito O apraz quanto nos é infinitamente benéfico.

Nós nos angustiamos e sofremos demais com os nossos erros porque nos falta um conhecimento pleno do Amor. Embora as três Pessoas da Trindade sejam iguais – Poder, Sabedoria e Amor – e estejam igualmente presentes na essência da natureza humana, o que a nossa alma melhor compreende é o Amor. Sim! E o propósito Divino é que contemplemos e desfrutemos da vida à luz do Amor. Todavia tal percepção nos escapa e somos como cegos. Alguns de nós acreditam que Deus é Todo-Poderoso e capaz de fazer todas as coisas; e que Ele é Todo-Sabedoria e sabe como fazer todas as coisas. No entanto, nós não chegamos a crer que Ele é Todo-Amor e deseja fazer todas as coisas.

No meu entendimento, essa ignorância é o que mais nos estorva, a nós, os amados de Deus. Quando aprendemos a odiar o pecado e começamos a nos emendar, orientados pelos ensinamentos da Santa Igreja, ainda persiste um medo que nos aprisiona; alguns porque continuam com a atenção fixa em si e nos erros incorridos no passado; outros por causa dos erros cotidianos. Então, sem conseguir manter nossa Aliança com o Divino, nem conservar a pureza com a qual Deus nos revestiu, nos sentimos invadidos por tamanha vergonha e tristeza que a visão de nós mesmos nos oprime a ponto de quase não sabermos como encontrar algum conforto.

Nós costumamos confundir este medo e culpa com humildade, mas, de fato, é uma cegueira torpe, uma fraqueza. Nós não compreendemos que estes sentimentos sejam pecado. O Inimigo os insinua em nossa mente de um modo tão sutil que não os reconhecemos pelo que são e não sabemos repudiá-los como repudiaríamos outros pecados. Estes sentimentos são mentiras urdidas por aquele que se contrapõe à verdade. Dentre os atributos da Trindade Santa, o que Deus mais deseja nos fazer conhecer é a certeza e o deleite do Amor, pois o Amor torna o Poder e a Sabedoria submissos a nós. Porque assim como, diante do nosso arrependimento, este Deus compassivo perdoa os nossos pecados, a vontade Dele é que também nos perdoemos a *nós mesmos*. Nós não precisamos ser vergados pelo peso do medo, da dúvida e da vergonha.

CAPÍTULO LXXIV

"Medo algum agrada a Deus, exceto o temor reverente."

No meu entendimento, o medo assume quatro formas.

A Primeira é aquela que nos domina de repente, quando, na nossa fraqueza, nos sentimos vulneráveis ao perigo. Este medo pode nos ser salutar porque nos purga do egoísmo – à maneira de uma doença física, ou outras tribulações – e nos purifica do pecado. Se suportadas pacientemente, nossas aflições podem nos ajudar a crescer.

O Segundo tipo de medo, é o do sofrimento, que nos incita e nos desperta da sonolência do pecado. Quando entorpecidos, não somos capazes de perceber o conforto suave do Espírito Santo e assim precisamos ser arrancados dessa letargia. Podemos recear a morte física e os inimigos espirituais, mas estes são temores que nos levam a buscar o consolo e a misericórdia de Deus, tornando-se uma porta através da qual o alento sagrado do Espírito Santo sopra sobre nós, nos induzindo ao arrependimento.

O Terceiro medo, originado pela dúvida, é o pavor que nos leva ao desespero. O anseio Divino é transformar tal sentimento em amor por intermédio do conhecimento do verdadeiro Amor. Então, pela ação da Graça, o amargor da dúvida se converte no regozijo do conhecimento de que fomos criados por amor. Ao Nosso Senhor nunca O apraz que duvidemos de Sua Bondade.

O Quarto medo é o Temor Reverente, originário de um profundo respeito a Deus. Medo algum O agrada, exceto o temor reverente. Este é um medo suave e, quanto mais o experimentamos, menos o sentimos porque, ao contemplar Deus, somos impregnados da doçura do Seu Amor.

O Amor e o Temor Reverente são irmãos e estão arraigados em nós em razão da Misericórdia de nosso Criador, e de nós ambos jamais serão extirpados pelos séculos sem fim.

Nós experimentamos o amor tanto através da nossa natureza humana quanto pela ação da Graça. E também é próprio, tanto da nossa natureza quanto da Graça, que sintamos o Temor Reverente.

A Divina Proteção, a Paternidade de Deus, gera em nós um profundo respeito, que se revela no Temor Reverente;

a Bondade Divina, a Maternidade de Deus, nos inunda de amor. Portanto cabe a nós, Seus servos e Seus Filhos, respeitar Deus em virtude de Seu Senhorio e Paternidade, e amá-Lo por Sua Bondade.

Apesar de o Temor Reverente e o Amor serem inseparáveis, eles não são o mesmo, mas duas forças distintas que operam em nossa alma, embora uma não possa existir sem a outra. Este é o porquê de quem ama também experimentar o Temor Reverente, ainda que pouca percepção tenha deste sentimento.

Excetuando o Temor Reverente, todos os outros medos afloram em nós sob o pretexto de santidade quando, de fato, não o são. Logo, devemos estar vigilantes para saber distingui-los. O Temor Reverente é o único que nos compele a fugir rapidamente de tudo o que não é bom e nos refugiar junto de Deus, tal como uma criança que se aconchega nos braços da mãe.

O Temor Reverente nos expõe nossa própria fraqueza e carências; nos leva a reconhecer a Bondade Divina e o Amor sagrado e eterno de Deus; a buscar apenas Nele a nossa salvação e a nos agarrarmos a Ele cheios de fé e confiança. Somente o medo que nos conduz a este processo é inato, misericordioso, bom e verdadeiro. Todos os temores destituídos de tais qualidades são distorcidos, deturpados. Portanto, este é o nosso remédio: reconhecer as diferenças entre os medos e recusar-se a consentir que qualquer coisa que distorça a verdade crie raízes em nós.

Nesta vida, o temor inato e reverente de Deus procede da ação misericordiosa do Espírito Santo, e assim será no Céu, quando estivermos diante de um Deus que é majestoso, compassivo e inteiramente prazeroso. O Amor nos torna íntimos de Deus; o Temor Reverente nos reveste de humildade; e ambos não diferem entre si.

Peçamos ao Nosso Senhor Deus que Lhe tenhamos um Temor Reverente, que O amemos com humildemente e Nele confiemos com todo ardor.

Porque quando O tememos reverentemente e O amamos humildemente, nossa confiança jamais é vã. E quanto mais confiamos, e quanto mais obstinadamente confiamos, mais deleitamos e honramos o Senhor, Aquele em quem confiamos.

Porém, se nos faltam o Temor Reverente e o Amor humilde – que Deus nos livre disso! –, a nossa confiança não tarda a se desencaminhar. Rezemos então ao Nosso Senhor, pedindo-Lhe que nos conceda a graça do Temor Reverente e do Amor humilde e que essas Suas dádivas impregnem o nosso coração e as nossas ações – porque sem ambas, não nos é possível agradar a Deus.

CAPÍTULO LXXV

"Nós compreenderemos a verdadeira razão de todas as coisas que Deus tem feito; e, ainda mais, compreenderemos a razão de todas as coisas que Ele permitiu acontecer."

O Nosso Senhor pode fazer tudo aquilo de que necessitamos. E estes são os três atributos divinos que precisamos: amor, anseio e compaixão. A compaixão amorosa de Nosso Senhor nos guarda em segurança e o Seu anseio por nós nos eleva ao Céu. A sede de Deus é ter toda a humanidade unida a Ele e esta mesma sede atraiu os Seus Santos, que agora vivem no êxtase celestial. Deus continua chamando para Si os membros do Seu Corpo Místico e, no entanto, a Sua sede nunca se esgota.

Porém, embora o anseio Divino se manifeste de três formas, um só é o propósito. Em nós pulsa igual anseio, também movido pela mesma força e direcionado ao mesmo objetivo.

O Primeiro anseio de Deus é nos ensinar a conhecê-Lo e a amá-Lo para sempre, pois isto nos é salutar e profícuo.

O Segundo desejo ardente de Deus é nos alçar à Sua Glória, como acontece com as almas quando arrebatadas de suas angústias e levadas ao Céu.

O Seu Terceiro anseio é nos fartar de júbilo, e esta plenitude nós a experimentaremos no Último Dia e por toda a eternidade.

Nossa Fé nos ensina que a salvação que vem do Senhor põe fim às nossas tristezas e dores. E não apenas iremos saborear felicidade idêntica à das almas no Céu, mas também conheceremos uma nova alegria, que jorrará abundantemente de Deus até que nossa saciedade seja completa.

Estas são as dádivas que o Senhor preparou e reservou para nós desde antes de todos os séculos, o tesouro que Ele conserva oculto em Si até que seja chegada a hora em que estejamos fortalecidos o bastante para ser capazes de recebê-lo. Então compreenderemos a verdadeira razão de todas as coisas que Deus tem feito; e, ainda mais, compreenderemos a razão de todas as coisas que Ele permitiu acontecer.

E o nosso deleite e a nossa plenitude serão tão intensos, tão sublimes, que todos nós, cheios de fascínio e assombro, teremos por Deus tamanho Temor Reverente – muito além do que jamais fora visto ou sentido antes – que os pilares do Céu, abalados, haverão de estremecer.

Entretanto esta espécie de abalo e tremor não nos causam aflição alguma, pois é somente um estremecimento de suave alegria ao admirarmos, extasiados, a grandeza de nosso Criador frente a pequenez de tudo o que é realizado. Assimilar este contexto nos torna mansos e humildes.

Por conseguinte, Deus deseja – e esta é uma peculiaridade tanto da nossa natureza humana quanto da Graça – que estejamos cientes e sejamos conhecedores dessa experiência, que almejemos essa percepção e essa realidade, porque é desse modo que somos conduzidos ao caminho certo, que permanecemos enraizados na verdadeira vida e nos unimos a Deus.

Deus é tão grandioso quanto bondoso; e tal como faz parte de Sua Bondade ser amado, também faz parte de Sua grandiosidade inspirar temor, pois este respeito reverente é a nossa justa cortesia por estarmos no Céu, perante Sua Face.

Porque assim como iremos amar e conhecer a Deus no Paraíso muito mais do agora, também teremos por Ele um respeito muito mais reverente do que agora.

Portanto é inevitável que os pilares do Céu e da Terra, abalados, haverão de estremecer.

CAPÍTULO LXXVI

"A alma que contempla a natureza bela e compassiva de Nosso Senhor Jesus não odeia o Inferno, e sim o pecado."

Não me deterei muito abordando o Temor Reverente, pois não quero ser malcompreendida. Todavia o Nosso Senhor me revelou que todas as almas irão experimentá-lo na Sua Presença. Também estou ciente de que as almas que aceitam, verdadeiramente, os ensinamentos do Espírito Santo, e por Ele se permitem conduzir, abominam mais o pecado – por sua torpeza e atrocidade – do que os sofrimentos do Inferno. Porque, no meu entendimento, a alma que contempla a natureza bela e compassiva de Nosso Senhor Jesus não odeia o Inferno, e sim o pecado.

Portanto a vontade Divina é que reconheçamos o pecado e que rezemos, nos esforcemos e procuremos – com zelo, sinceridade e humildade – evitá-lo. Porém, se ainda assim, cairmos cegamente no erro, que possamos nos reerguer de pronto, pois a angústia que mais dilacera a alma é estar separada de Deus.

Se ansiamos encontrar repouso, tampouco devemos nos ater às faltas de nossos semelhantes. Concentrar-nos nos erros, sejam os nossos próprios ou alheios, cria uma espécie de névoa espiritual que nos rouba a visão da beleza de Deus. Pelo contrário, devemos buscar a cura e a força Divinas em favor de todos nós. E quando virmos alguém em pecado, que sintamos por ele apenas pesar, piedade e o desejo bendito de que Deus o cure. Sem esta atitude, nossa alma, transtornada e seduzida, irá tropeçar e cair no pecado. A compaixão é a nossa proteção.

Nesta Visão abençoada, a mim concedida por Nosso Senhor, percebi a existência de dois opostos.

O Primeiro é a sabedoria máxima que qualquer um de nós pode alcançar nesta vida; o Segundo é a nossa mais absoluta tolice.

O grau mais elevado da sabedoria humana é deixar-se guiar e cumprir a vontade do nosso mais sublime e melhor Amigo – Jesus. O Senhor nos inspira a nos agarrarmos a Ele da maneira mais íntima possível e por toda a eternidade, não importando o estado em que nos encontramos. Porque quer nos sintamos sórdidos ou puros aos nossos próprios olhos, o Seu amor por nós permanece inalterado. Logo, estejamos mergulhados na alegria ou na tristeza, Ele almeja que nunca fujamos de Sua Presença.

Entretanto, criaturas inconstantes que somos, não raro resvalamos no pecado. E então o nosso Inimigo, e a nossa própria tolice e cegueira nos enchem de medo e dúvida, sussurrando-nos: *"Vê quão vil tu és, pecador e também infiel, pois não consegues manter a Aliança com o teu Criador. Tu segues prometendo ao Nosso Senhor que irás melhorar, mas isto jamais acontece, porque tu continuas cometendo os mesmos erros repetidamente. E, mais ainda, tu és indolente e desperdiças o teu tempo".*

No meu entendimento, é assim que o pecado começa, é assim que nós – em especial aqueles que se entregaram ao Nosso Senhor e se comprometeram a servi-Lo – começam a se afastar da contemplação da Sua Bondade santa. E essa separação nos torna temerosos de estar na Sua Presença amorosa.

O objetivo do Inimigo é nos infundir esse medo falso para que, aproveitando-se da nossa vulnerabilidade, das nossas aflições e iniquidade, nos fazer retroceder. O Inimigo nos quer tão sombrios, tão esgotados pelo fardo da dúvida e do desespero, que nos esqueçamos de contemplar a Face Sagrada do nosso Amigo Eterno.

CAPÍTULO LXXVII

"Não te acuses a ti mesmo com excessivo rigor, questionando-te se és culpada de todas as tuas tribulações e aflições."

"Todas as tuas adversidades te são benéficas."

"Na nossa cura, o Senhor quer que nos regozijemos."

Nosso bom Senhor revelou-me a hostilidade do Inimigo para que eu pudesse compreender que tudo aquilo que se opõe ao amor e a paz é obra dele e de sua corja. Nossa fraqueza e tolice nos levam a cair, mas a misericórdia e a graça do Espírito Santo nos reerguem para uma alegria ainda maior. Mesmo que o Inimigo obtenha algum triunfo através de nossa queda – porque este é o seu deleite – ele perde muito mais quando somos colocados novamente de pé pela ação do amor e da humildade.

Por causa do ódio que o Inimigo nos tem, a nossa gloriosa ascensão lhe causa tamanho desgosto e tormento, que uma inveja ardente o consome sem cessar. E foi esta a razão de o Nosso Senhor o haver desdenhado, o que me fez gargalhar.

Portanto, a nossa cura consiste em reconhecer quão fracos e iníquos somos e nos refugiarmos junto de nosso Deus, porque quanto mais nos percebemos desvalidos, mais ansiamos e buscamos estar na Divina Presença.

Assim, deveria ser esta a nossa reflexão: *"Eu bem sei que existe uma dor angustiante dentro de mim – e que a mereço. Mas Nosso Senhor, que é Todo-Poderoso, pode me purificar, corrigindo-me de maneira eficaz. Ele, que é Todo-Sabedoria, sabe como me corrigir com discernimento e, sendo Todo-Bondade, me ama ternamente".*

Nós precisamos nos ater a esta perspectiva porque é a humildade amorosa de uma alma pecadora – forjada pela misericórdia e graça do Espírito Santo – que nos permite querer e aceitar com alegria o disciplinamento de que o Senhor nos julga necessitados. E essa purificação nos será suave e confortável apenas se estamos contentes com Deus e com as Suas ações.

Quanto à punição que nos autoinfligimos nada me foi mostrado, pelo menos não especificamente. Fui agraciada, sim, com um vislumbre especial, profundo e amável de que humilde e paciente deve ser a nossa conduta diante da correção que o Senhor nos aplica, tendo sempre em mente a Sua Sagrada Paixão. Porque quando nos concentramos na Sua Sagrada Paixão, imbuídos de piedade e amor, então sofremos com Ele, como os amigos que testemunharam o Seu Calvário. Isto me foi descortinado na Décima Terceira Visão, quando se fala sobre a Compaixão.

Estas são as palavras de Nosso Senhor: *"Não te acuses a ti mesma com excessivo rigor, questionando-te se és culpada de todas as tuas tribulações e aflições. Não é meu desejo que tu te sintas vergada sob o peso da melancolia e da tristeza sem razão para tal. Eis que te digo: seja o que for que tu faças, tu enfrentarás inquietações nesta vida. Que tu tenhas, então, a sabedoria de reconhecer as adversidades não como punição, e sim como um meio de voltares teus pensamentos para Mim, certa de que toda tua vida é meritória e as adversidades te são benéficas".*

O mundo em que vivemos é nossa prisão e esta vida a nossa penitência – mas, ao nos libertar e curar, Deus almeja que nos regozijemos porque O temos conosco, nos guardando e nos guiando até a plenitude da alegria. E o júbilo infinito de Nosso Senhor é que encontremos Nele o nosso deleite eterno e que, enquanto estivermos aqui, O vejamos como o nosso Protetor. O amor verdadeiro e a confiança inabalável são o nosso caminho para o Céu, conforme me foi dado a compreender em todas as Visões, em particular naquela de Sua Paixão, quando escolhi Cristo para ser o meu Céu.

Busquemos refúgio em Nosso Senhor e seremos confortados; toquemos Nosso Senhor e seremos purificados; nos agarremos a Ele e seremos libertos de todos os medos e protegidos de todos os perigos.

O desejo de nosso amável Senhor é que nos sintamos tão íntimos Dele quanto a nossa mente é capaz de conceber, ou a nossa alma aspirar. Porém, tenhamos cuidado para não recorrermos a essa familiaridade com negligência ou indiferença, a ponto de abandonarmos o respeito. Porque

Cristo, a suprema amizade, é tanto o mais íntimo de todos os amigos quanto o mais merecedor de reverência.

E se nós, as Suas abençoadas criaturas, ansiamos estar no Céu com o Nosso Senhor pelos séculos sem fim, precisamos, então, nos tornar semelhantes a Ele em todas as coisas, porque a nossa própria salvação e a plenitude da nossa alegria jazem na nossa perfeita harmonia com Deus.

Porém, se não sabemos como alcançar esta condição, tudo o que necessitamos fazer é pedir ao Nosso Senhor que nos ensine, porque este é o Seu Divino prazer e a Sua honra.

Louvado seja Ele!

CAPÍTULO LXXVIII

"Embora possamos, em virtude de uma dádiva especial de Nosso Senhor, ser elevados ao ápice da Sua contemplação, ainda nos é necessário tomar conhecimento e nos defrontar com o nosso pecado."

Em virtude de Sua Misericórdia, Nosso Senhor nos mostra o nosso pecado e a nossa fraqueza à luz suave e generosa de Si mesmo. Tão torpe e deplorável é o nosso pecado, que Cristo Se revela compassivo demais para nos permitir enxergá-lo senão à luz da Sua própria Compaixão e Graça.

Portanto, a Sua vontade é que assimilemos quatro questões:

Primeira: Ele é a nossa Fonte, Aquele de quem brota toda a nossa vida e a essência do nosso ser.

Segunda: é Ele quem nos protege, poderosa e misericordiosamente, quando estamos mergulhados no erro, quando nossas escolhas permitem que nossos inimigos nos cerquem e invistam, enfurecidos, contra nós, e quando nem chegamos a notar quão desvalidos somos.

Terceira: Ele nos guarda cuidadosa e gentilmente, *nos fazendo saber* quando nos extraviamos do caminho.

Quarta: Firme e inabalável na Sua conduta, Ele está sempre à nossa espera, porque o Seu desejo é que, transformados, nos unamos a Ele no amor, como Ele está unido a nós.

Quando, inspirados pela Graça, conseguimos compreender tudo isto, nos é possível olhar para o pecado sem nos desesperarmos. De fato, é preciso que enxerguemos o nosso erro nitidamente, porque é ao nos sentir envergonhados de nós mesmos que o nosso orgulho e a nossa presunção são aniquilados. Convém-nos entender que sozinhos não somos nada. Havendo-nos afastado de quem Deus nos criou para ser, restam-nos apenas o pecado e a desventura.

E quanto mais vislumbres o Senhor nos concede desta realidade, mais vamos sendo capazes de avançar rumo àquela realidade que nos é difícil confrontar. Deus é tão compassivo que gradua a nossa assimilação, deixando-nos absorver somente aquilo que suportamos, pois não aguentaríamos uma visão nua e crua da torpeza do pecado.

Tal revelação, gentil e gradual, da realidade nos induz, por meio da contrição e da Graça, a romper com tudo o que não é Deus – e então o nosso bendito Salvador nos cura por inteiro e nos torna um com Ele.

Esta ruptura progressiva e esta cura estão destinadas a toda a humanidade. Aquele que é mais digno, que se acha mais perto de Deus, com maior clareza se percebe pecador e indigente, e esta visão de si o une a mim, a menor e a mais humilde de todas as criaturas. Se encontro conforto junto àquele mais digno, é porque o nosso Deus nos uniu num único amor.

Quando o Senhor me mostrou que eu pecaria, tamanha era a minha alegria ao contemplá-Lo que não prestei imediata atenção à Sua Revelação. Amável, Ele não insistiu e esperou até que me fosse dada a graça e a vontade de estar atenta às Suas palavras.

Desta forma me foi ensinado que embora possamos, em virtude de uma dádiva especial de Nosso Senhor, ser elevados ao ápice da Sua contemplação, ainda nos é necessário tomar conhecimento e nos defrontar com o nosso pecado e a nossa fraqueza.

Sem este entendimento não conhecemos a verdadeira humildade, e sem humildade não podemos ser salvos.

Também atinei que não conseguimos chegar a esta compreensão por nós mesmos, tampouco através de quaisquer de nossos inimigos espirituais, porque estes não aspiram o nosso bem. De fato, se pudessem, iriam nos impedir de alcançar tal compreensão até o nosso último dia de vida.

Esta é a razão de sermos tão gratos a Deus que, por amor a nós, nos revelou nosso pecado e nossa fraqueza agora, neste tempo de Misericórdia e Graça.

CAPÍTULO LXXIX

"E então compreendi que devo olhar para o meu próprio pecado e não para os pecados alheios, exceto para confortar e ajudar os meus semelhantes."

Esta Visão permitiu-me aprofundar o meu entendimento acerca do pecado. Quando o Senhor me deixou claro que eu iria ceder ao erro, apliquei este conhecimento apenas a mim, pois, naquele momento, nada contrário a isso me havia sido sugerido.

Entretanto, por meio do conforto sublime e compassivo de Nosso Senhor, dei-me conta de que a Sua mensagem destinava-se a toda a humanidade – uma humanidade que é pecadora e o será até o fim dos tempos. Desta humanidade faço parte e, em virtude da misericórdia Divina – assim penso eu – o consolo sagrado a mim oferecido é vasto o bastante para abarcar a todos nós.

E então compreendi que devo olhar para o meu próprio pecado e não para os pecados alheios, exceto para confortar e ajudar os meus semelhantes.

Ainda esta mesma Visão me fez perceber que haverei de incorrer no erro repetidas vezes e que devo ser cautelosa em relação à minha própria ambiguidade. Não sei de que maneiras irei fraquejar e cair, tampouco posso antecipar a extensão ou a gravidade das minhas faltas. Quisera poder sabê-lo, mas este é um desejo vão. Sei apenas que não posso confiar em mim para não pecar.

Nosso compassivo Senhor me mostrou, com ardorosa certeza, quão infinito e imutável é o Seu amor. Pela força de Sua imensurável Bondade e de Sua Graça, o âmago do nosso ser é protegido e jamais nos separaremos de Seu amor. Este entendimento me livra da arrogância e da vaidade, enquanto o consolo e a alegria procedentes do amor me salvam do desespero.

Toda esta singela Visão é um ensinamento amoroso, doce e gentil Daquele que é o alento da nossa alma. Por meio do prazer de nosso relacionamento íntimo com Deus, seremos capazes de reconhecer que tudo e qualquer coisa que vejamos, ou sintamos – sejam interiores ou exteriores – que conflitam com este entendimento provêm do Inimigo e não do Nosso Senhor.

Este é o motivo pelo qual não devemos confiar em quaisquer impulsos que nos induzam a ser descuidados com a nossa vida e com a nossa mente, porque tal negligência se opõe ao abundante amor Divino. Portanto, é mister que tomemos muito cuidado! Que rejeitemos estes ímpetos se e quando surgirem, visto não guardarem nenhuma semelhança com a vontade de Deus.

E quando cairmos, por causa da nossa fragilidade e cegueira, o nosso compassivo Senhor há de nos tocar e inspirar, há de nos chamar para Si a fim de que percebamos a nossa desventura, porque a humildade resulta do reconhecimento de nosso próprio desamparo.

Entretanto, Deus não almeja que continuemos imersos neste estado, ou que, cheios de inquietude, preocupemo-nos em nos acusar, ou que nos sintamos amargurados conosco mesmos. Ao contrário! O Seu desejo é que corramos de volta para junto Dele. Até que estejamos novamente na Sua Presença, Deus permanece sozinho, triste, pesaroso, aguardando fielmente a nossa chegada e apressando-Se a nos atrair para perto de Si. Porque nós somos a alegria e o deleite de Deus – e Deus é a nossa cura e a nossa vida.

É óbvio que ao afirmar que "Deus permanece sozinho", não estou me referindo à bendita Corte Celeste e sim ao Seu propósito e à Sua obra aqui na Terra, conforme me foi revelado nesta Visão.

CAPÍTULO LXXX

"Porque é o próprio Cristo quem está mais perto de nós; é Ele o mais manso, o mais sublime e o mais humilde. É Ele quem tudo realiza."

"Porque o Seu amor nunca permite que nos falte a Sua misericórdia."

A vida humana está alicerçada sobre três Pilares e, amparados por cada um destes sustentáculos, honramos a Deus e somos socorridos, protegidos e salvos.

O primeiro Pilar é o uso da Razão que nos é inata; o segundo, são os Ensinamentos fundamentais da Santa Igreja; o terceiro é a ação interior da Graça do Espírito Santo. E todos os três estão enraizados em Deus. Deus é o alicerce da nossa Razão inerente, Deus são os Ensinamentos da Santa Igreja e Deus é o Espírito Santo.

Estas são dádivas distintas e a vontade Divina é que lhes demonstremos grande apreço e lhes prestemos atenção, pois que atuam juntas e incessantemente em nós e são questões importantes.

Deus deseja que conheçamos o ABC dessas grandes questões ainda nesta vida – isto é, que tenhamos aqui algum conhecimento daquilo que assimilaremos plenamente no Céu. E este conhecimento é o que nos lança sempre mais adiante.

Por meio da nossa Fé, sabemos que Deus, sozinho, revestiu-Se da nossa natureza humana – apenas Ele, e ninguém mais; sabemos que Cristo, sozinho, realizou toda a obra da nossa salvação – apenas Ele, e ninguém mais. E agora Ele, sozinho, completa a Sua obra ao fazer de nós Sua morada, ao nos conduzir e guiar nesta vida e nos trazer para a Sua Glória.

Assim Deus agirá enquanto houver na Terra almas a serem levadas ao Céu – e Sua solicitude é tal que, se restasse uma única alma sobre a face da Terra, Ele não a deixaria só até que a alçasse à Sua felicidade eterna.

Acredito e compreendo o que os sacerdotes nos ensinam sobre a assistência dos anjos à humanidade, porém nada a este respeito me foi mostrado, porque é o próprio Cristo quem está mais perto de nós, é Ele o mais manso, o mais sublime e o mais humilde. É Ele quem tudo realiza, e não somente o que precisamos, mas também aquilo que nos eleva e expande a nossa alegria no Céu.

A afirmação de que Deus nos aguarda, triste e pesaroso, significa que todos os nossos sentimentos genuínos de contrição e compaixão, toda a nossa tristeza e pesar por não estarmos unidos ao Nosso Senhor, e tudo que nos é benéfico, na verdade é Cristo vivendo em nós. Embora alguns de nós raramente percebam a Sua Presença, Ele está sempre atento a nós até que nos tenha arrancando da nossa angústia, porque o Seu amor nunca permite que nos falte a Sua misericórdia.

Ao cairmos no pecado e esquecermos da Sua Presença em nós e de como Ele defende a nossa alma, Cristo, sozinho, assume toda a responsabilidade por nós e assim persevera, triste e pesaroso.

Portanto nos cabe, por respeito e gentileza, nos voltarmos apressadamente para o Nosso Senhor e não o deixarmos só. Nós somos o único motivo de Ele estar aqui; Ele está aqui, sozinho, com todos nós.

Quando me afasto da Divina Presença por causa do pecado, desespero ou indolência, então consinto que o meu Senhor permaneça só, visto Ele habitar em mim. E o mesmo acontece com todos nós, pecadores.

Entretanto, a despeito de agirmos dessa forma com frequência, a Bondade de Deus jamais permite que fiquemos sós. Sua Presença em nós é permanente e, com suave ternura, Ele nos perdoa e nos defende de nossa culpa perante Si mesmo.

CAPÍTULO LXXXI

"Deus considera a nossa vida terrena uma penitência: o nosso anseio inato por Ele é a nossa penitência constante."
"O Amor Divino O faz ansiar por nós."

Nosso bom Senhor manifestou-Se às Suas criaturas de muitas maneiras, no Céu e na Terra. Porém só O vi erguer Sua morada na alma humana.

Ele Se revelou na Terra através da Sua doce Encarnação e da Sua sagrada Paixão, entretanto também Se deixou perceber de outras formas, conforme asseveram estas minhas palavras: *"Vi Deus numa Partícula Minúscula".*

E ainda o Senhor Se permitiu ser contemplado na Terra como se em peregrinação; isto é, Ele está conosco, nos guiando, e aqui permanecerá até quando nos houver alçado a todos nós à Sua alegria celestial.

Deus reina sobre a Terra – como eu já o disse –, mas principalmente no coração do homem. É na alma humana que Ele encontra o Seu repouso, a alma humana é a Sua honrosa Cidade e de tão nobre trono Deus jamais Se erguerá, ou Se afastará, pelos séculos sem fim.

Maravilhoso e grandioso é o lugar onde Nosso Senhor habita. Logo, o Seu desejo é que reajamos de imediato ao sentir o toque da Sua Divina Graça, que nos regozijemos mais na plenitude de Seu amor do que nos amarguremos com as nossas quedas constantes. Porque dentre todas as nossas possíveis atitudes, aquela que mais glorifica Deus é vivermos com prazer e alegria – mesmo quando contritos – em virtude de Seu amor. Deus nos olha com tão grande ternura, que considera a nossa vida terrena uma penitência.

O nosso anseio inato por Deus é a nossa penitência, uma penitência que Ele tanto gera em nossa mente quanto nos ajuda a suportar.

O Amor Divino faz Deus ansiar por nós; a Sua Sabedoria e a Sua Verdade – aliadas à Sua Retidão – O levam a sujeitar-Se a estar aqui conosco; e é este mesmo anseio que Ele aspira ver em nós.

No meu entendimento, esta vida é a nossa mais sublime penitência, porque nos é inerente e jamais nos deserta até que seja chegada a hora em que, enfim, conheceremos a plenitude e teremos Deus como a nossa recompensa.

Este é o motivo de o Senhor desejar que coloquemos a nossa mente e o nosso coração na Transcendência – isto é, na Transição do sofrimento que experimentamos nesta vida à felicidade plena que acreditamos nos aguardar.

CAPÍTULO LXXXII

"Quer estejamos caídos ou de pé, permanecemos sempre cuidadosamente guardados num único Amor."

O nosso compassivo Senhor agora me revelou o significado da tristeza e da aflição da alma: *"Eu bem sei que, por amor a Mim, tu viverias feliz e alegre, suportando toda a penitência que poderia abater-te. Mas como tu não vives sem pecar, haverás de experimentar – por amor a Mim – angústias, tormentos e tribulações. Esta é a verdade. Porém, não te deixa abalar profundamente pelo erro no qual incorres contra a tua vontade".*

Desse modo dei-me conta de que o Senhor tem para o Seu servo um olhar piedoso, não acusatório, porque a realidade da nossa vida temporal implica desacertos.

Deus nos ama infinitamente, enquanto nós pecamos costumeiramente. Ele nos mostra as nossas faltas com suprema suavidade, e nós, decorosamente, nos entristecemos e nos lamentamos. Então nos voltamos para a contemplação da Sua misericórdia, agarrando-nos ao Seu amor e à Sua bondade, compreendendo que Ele é a nossa cura e que nós não fazemos nada senão pecar.

Assim, ao nos tornarmos humildes pela percepção de nossos erros, ao reconhecermos, fielmente, o Seu imensurável amor por nós, ao agradecer e louvá-Lo, nós agradamos a Deus.

O Senhor me disse: *"Eu te amo e tu Me amas, e o Amor que temos um pelo outro é indivisível. Pelo teu bem, Eu suporto todo sofrimento"*. Ao meu entendimento espiritual, soaram também estas Suas palavras: *"Eu te guardo em completa segurança"*.

O grande desejo de nosso bendito Senhor é que vivamos desta maneira – ansiando e exultando – como toda esta lição de amor nos ensina. Este desejo Divino me permitiu assimilar que tudo o que se opõe a isto não procede de Deus e sim do Inimigo de nossa alma, e Deus quer que o saibamos à luz doce e generosa de Seu amor. Caso exista alguém nesta Terra que é sempre impedido de incorrer no erro, eu desconheço, porque tal coisa nunca me foi mostrada.

O que me foi mostrado é que, quer estejamos caídos ou de pé, permanecemos cuidadosamente guardados num único amor.

Na Perspectiva de Deus nós não caímos; aos nossos próprios olhos, nós não ficamos de pé; e as duas constatações são legítimas. Porém a Perspectiva Divina é a realidade mais elevada.

O vínculo que nos une a Deus é poderoso porque o Seu propósito é que entendamos, em vida, tão grande e sublime verdade.

Na minha concepção, nos é de extremo auxílio absorver ambas Perspectivas simultaneamente, porque aquela mais elevada nos oferece consolo espiritual e nos leva a experimentar o júbilo profundo em Deus. Quanto à outra, a mais terrena e rasteira, nos infunde ansiedade e nos deixa envergonhados de nós mesmos.

Entretanto, o anseio de nosso bom Senhor é que nos enxerguemos sempre mais da Perspectiva elevada, ainda que não possamos escapar daquela menos sublime até quando formos alçados ao Céu. Lá, o Nosso Senhor Jesus será a nossa recompensa e nós conheceremos a plenitude da alegria e da felicidade eterna.

CAPÍTULO LXXXIII

"Vida, Amor e Luz."

No decorrer de todas as Revelações, eu toquei, vi e senti três dos atributos de Deus e foram essas percepções que tornaram as Visões tão intensas e poderosas. Isto se provou verdadeiro em cada uma das Visões, mas particularmente na Décima Segunda, quando o Senhor afirmou repetidas vezes: *"Eu sou".*

Os três atributos Divinos são: Vida, Amor e Luz.

A Vida Divina reveste Deus de uma maravilhosa familiaridade; o Divino Amor é pleno de gentil consideração; e a Luz Divina é a essência da realidade eterna dos relacionamentos. Tais atributos estão contidos em uma única Bondade.

A esta Bondade minha Razão ansiou estar unida e a ela me agarrei com todas as fibras do meu ser.

Dominada pelo temor reverente – e extasiada pela Visão e sensação de doce harmonia – compreendi que a nossa Razão, e a própria essência de quem somos, está em Deus. Esta, a dádiva mais sublime que jamais recebemos, é intrínseca a nossa natureza humana.

Nossa Fé é uma luz inata que emana do nosso Dia Eterno – que é o Deus Pai; e, a essa luz, nossa Mãe, Cristo, e o nosso bom Senhor, o Espírito Santo, nos guiam nesta vida passageira. Esta luz nos é cuidadosa e gradualmente concedida afim de que tenhamos o que precisamos para atravessar a escuridão. Esta luz nos dá a vida, enquanto a escuridão é a causa de toda a nossa dor e tristeza. Deus nos agradece e nos recompensa por resistir às trevas. E nós, por Sua Misericórdia e Graça, nos mantemos firmes, acreditando que a nossa luz é real e que podemos segui-la com sabedoria e fortaleza.

E quando nossa aflição chegar ao fim, nossos olhos se abrirão repentinamente e, à luz límpida do dia, nossa visão será completa. Esta luz é Deus, nosso Criador e o Espírito Santo – em Cristo Jesus, nosso Salvador.

Assim vi e compreendi que a nossa Fé é a nossa luz em meio à nossa escuridão. E a luz é Deus, nosso Dia Eterno.

CAPÍTULO LXXXIV

"Amor"

A luz é Amor e Deus, na Sua sabedoria, concede-a a nós na medida exata da nossa precisão. A luz nunca é tão intensa a ponto de enxergarmos, com absoluta nitidez, o nosso Dia Sagrado, tampouco nos é inteiramente obscurecida, para que permaneçamos nas trevas. A luz nos é suficiente para que vivamos de acordo com a nossa necessidade, em meio ao nosso trabalho árduo e às nossas angústias, merecendo, assim, a infinita honra de Deus. Isto eu vi na Sexta Visão, quando o Senhor disse: *"Agradeço a ti por teu serviço e teu trabalho árduo"*.

Desse modo, o Amor nos guarda na Fé e na Esperança, e a Fé e a Esperança nos conduzem ao Amor. E, no fim, tudo será Amor.

Eu compreendi esta luz – o Amor – de três maneiras diferentes.

A Primeira é o Amor que nunca foi criado; a Segunda, o Amor criado; e a Terceira o Amor ofertado.

O Amor não criado é Deus; o Amor criado é a nossa alma em Deus e o Amor ofertado é a virtude, expressa na bondade e fortaleza da nossa alma.

Esta é uma dádiva doce e operante que nos permite amar Deus por Ele mesmo, que nos permite amar a nós mesmos em Deus e a amar tudo o que Deus ama por causa do próprio Deus.

CAPÍTULO LXXXV

"Senhor, bendito sejas Tu, porque tudo está bem."

Diante desta Revelação, senti-me tomada de espanto e admiração. A despeito de nossas vidas superficiais e de nossa cegueira, o compassivo Senhor não cessa de nos observar, acompanhando as nossas lutas e regozijando-Se.

A melhor maneira de agradarmos a Deus é, sábia e sinceramente, acreditar nisto, exultando com Ele e Nele. Porque tão verdadeiro quanto viveremos na alegria eterna de Deus – louvando-O e dando-Lhe graças –, também é verdade que nós sempre estivemos imersos na Sua Presciência, amados e conhecidos em Seus Desígnios desde antes de todos os séculos.

Neste amor que não teve começo, Deus nos criou; neste mesmo amor Ele nos protege e jamais permite que sejamos feridos, ou que a nossa felicidade seja perdida.

Portanto, quando o Último Dia chegar e formos todos tirados deste mundo, veremos claramente em Deus todos os segredos que nos são agora ocultos.

Que nenhum de nós seja impelido a dizer: *"Deus, se ao menos houvesse sido desse jeito, então tudo estaria bem"*. Pelo contrário, que digamos a uma só voz: *"Senhor, louvado sejas Tu! Porque tudo é como deve ser, e tudo está muito bem. E agora nós vemos, verdadeiramente, que tudo é feito como Tu designaste desde antes que qualquer coisa fosse criada"*.

CAPÍTULO LXXXVI

"O Amor é a Intenção de Nosso Senhor."

Este livro começou como uma dádiva de Deus e em virtude de Sua Graça, mas não creio que já esteja terminado.

Por Amor, que estejamos todos nós unidos em oração e na obra Divina – agradecendo, confiando, exultando, pois é assim que devemos orar ao Senhor. Este foi o meu entendimento ao ouvi-Lo falar, com doçura e riso na voz: *"Eu Sou o Fundamento da tua prece"*.

Percebi, através de cada uma das Revelações, que a Intenção de nosso bom Senhor é que a nossa compreensão se aprofunde porque, à medida que o nosso conhecimento se expande, mais seremos imbuídos da graça de amá-Lo e de nos agarrarmos a Ele.

Deus olha para nós – nós que somos o Seu tesouro celeste na Terra – com tão grande amor que o Seu anseio é nos agraciar com mais luz e consolo na alegria sobrenatural, arrancando a nossa mente e o nosso coração da tristeza e das trevas em que estamos mergulhados.

Encerradas as Visões, continuei me perguntando, com insistência, qual haveria sido a Intenção de Nosso Senhor.

Então, mais de quinze anos depois, a resposta me ocorreu nesta mensagem espiritual: *"Tu queres saber o que teu Senhor pretendia e a Sua Intenção? Vê bem: a Intenção de Deus era o Amor. Quem te mostrou essas Visões? O Amor. O que te foi revelado por meio dessas Visões? O Amor. Por que essas Visões te foram mostradas? Por Amor. Guarda-te neste Amor e aprenderás e conhecerás ainda mais deste mesmo Amor; entretanto, tu nunca aprenderás nem entenderás mais nada pela eternidade sem fim."*

E assim compreendi: o Amor era a Intenção de Nosso Senhor.

Nesta e nas outras Revelações vi, com absoluta certeza, que antes mesmo de nos criar, Deus nos amou e Seu Amor jamais se apequenou e jamais desaparecerá.

Neste Amor Ele tem realizado todas as Suas obras, neste Amor Ele tem feito com que todas as coisas nos sejam benéficas e, imersos neste Amor, viveremos para sempre.

Nós viemos a ser quando Deus nos criou – mas o Seu Divino Amor por nós já existia desde antes do início dos tempos, e neste Amor está o nosso princípio.

Tudo isso nós haveremos de contemplar em Deus pelos séculos sem fim. E que esta graça Jesus nos conceda. Amém.

POSFÁCIO DE UM ESCRIBA

O manuscrito pertencente a Sloane intitula-se *Revelações a uma criatura inculta, Anno Domini, 1373,* e o cabeçalho de cada CAPÍTULO é composto por algumas linhas que prenunciam o seu conteúdo. Estes cabeçalhos estão numa linguagem similar à dos textos e, provavelmente, foram redigidos por um dos primeiros escribas que transcreveram esta obra. Sem dúvida, foi este mesmo escriba que, após a última frase do livro, acrescentou a seguinte súplica: *"E que esta graça Jesus nos conceda. Amém".*

Também é possível que seja da autoria deste mesmo escriba esta conclusão: "E assim termina a *Revelação do Amor da Santíssima Trindade*, mostrada por nosso Salvador Cristo Jesus para o nosso conforto e consolo infinitos, e também para que exultemos Nele enquanto percorremos a jornada passageira desta vida. *Amém, Jesus, amém.*

Eu rezo, Deus Altíssimo, para que este livro não caia nas mãos de ninguém, exceto nas daqueles que são os Seus fiéis amantes, daqueles que aceitarão a Fé da Santa Igreja e que compreenderão e seguirão os ensinamentos de homens de vida virtuosa, sensatos e possuidores de profundo conhecimento, pois estas Revelações, Divinas e Sábias, não poderiam sobreviver nas mãos de quem é escravo do pecado e do Diabo.

E tenhas cuidado tu também para não aceitares apenas o que é da tua preferência e para o qual te sintas inclinado, excluindo aquilo que te desagrada, porque assim age o herege. Mas aceites tanto um quanto o outro, entendendo, realmente, que ambos estão em harmonia com as Sagradas Escrituras e nela fundamentados; e *que* Jesus – nosso verdadeiro Amor, Luz e Verdade – haverá de conceder tal entendimento a todas as almas puras que Lhe pedirem com humildade e sabedoria.

E tu, que terás este livro nas mãos, agradeças muito e ardentemente ao nosso Salvador Cristo Jesus, porque Ele concebeu estas Visões e Revelações para ti e – em virtude de Seu amor, misericórdia e bondade infinitos – para que te sirvam como um guia seguro e te conduzam à alegria eterna. *E que esta graça Jesus nos conceda. AMÉM"*.

Série Clássicos da Espiritualidade

- *A nuvem do não saber*
  Anônimo do século XIV
- *Tratado da oração e da meditação*
  São Pedro de Alcântara
- *Da oração*
  João Cassiano
- *Noite escura*
  São João da Cruz
- *Relatos de um peregrino russo*
  Anônimo do século XIX
- *O espelho das almas simples e aniquiladas e que permanecem somente na vontade e no desejo do Amor*
  Marguerite Porete
- *Imitação de Cristo*
  Tomás de Kempis
- *De diligendo Deo – "Deus há de ser amado"*
  São Bernardo de Claraval
- *O meio divino – Ensaio de vida interior*
  Pierre Teilhard de Chardin
- *Itinerário da mente para Deus*
  São Boaventura
- *Teu coração deseja mais – Reflexões e orações*
  Edith Stein
- *Cântico dos Cânticos*
  Frei Luís de León
- *Livro da Vida*
  Santa Teresa de Jesus
- *Castelo interior ou Moradas*
  Santa Teresa de Jesus
- *Caminho de perfeição*
  Santa Teresa de Jesus
- *Conselhos espirituais*
  Mestre Eckhart
- *O livro da divina consolação*
  Mestre Eckhart
- *A nobreza da alma humana e outros textos*
  Mestre Eckhart
- *Carta a um religioso*
  Simone Weil
- *De mãos vazias – A espiritualidade de Santa Teresinha do Menino Jesus*
  Conrado de Meester
- *Revelações do amor divino*
  Juliana de Norwick
- *A Igreja e o mundo sem Deus*
  Thomas Merton

CULTURAL

Administração – Antropologia – Biografias
Comunicação – Dinâmicas e Jogos
Ecologia e Meio Ambiente – Educação e Pedagogia
Filosofia – História – Letras e Literatura
Obras de referência – Política – Psicologia
Saúde e Nutrição – Serviço Social e Trabalho
Sociologia

CATEQUÉTICO PASTORAL

Catequese – Pastoral
Ensino religioso

REVISTAS

Concilium – Estudos Bíblicos
Grande Sinal
REB – SEDOC

TEOLÓGICO ESPIRITUAL

Biografias – Devocionários – Espiritualidade e Mística
Espiritualidade Mariana – Franciscanismo
Autoconhecimento – Liturgia – Obras de referência
Sagrada Escritura e Livros Apócrifos – Teologia

PRODUTOS SAZONAIS

Folhinha do Sagrado Coração de Jesus
Calendário de mesa do Sagrado Coração de Jesus
Agenda do Sagrado Coração de Jesus
Almanaque Santo Antônio – Agendinha
Diário Vozes – Meditações para o dia a dia
Encontro diário com Deus
Guia Litúrgico

VOZES NOBILIS

Uma linha editorial especial, com importantes autores, alto valor agregado e qualidade superior.

VOZES DE BOLSO

Obras clássicas de Ciências Humanas em formato de bolso.

CADASTRE-SE
www.vozes.com.br

EDITORA VOZES LTDA.
Rua Frei Luís, 100 – Centro – Cep 25689-900 – Petrópolis, RJ
Tel.: (24) 2233-9000 – Fax: (24) 2231-4676 – E-mail: vendas@vozes.com.br

UNIDADES NO BRASIL: Belo Horizonte, MG – Brasília, DF – Campinas, SP – Cuiabá, MT
Curitiba, PR – Fortaleza, CE – Goiânia, GO – Juiz de Fora, MG
Manaus, AM – Petrópolis, RJ – Porto Alegre, RS – Recife, PE – Rio de Janeiro, RJ
Salvador, BA – São Paulo, SP